1842 में बुन्देल-विद्रोह के दुस्साहसी नायक की वीरगाथा

मधुकर शाह

बुन्देलखण्ड का नायक

मधुकर शाह

बुन्देलखण्ड का नायक

गोविन्द नामदेव

राजकमल प्रकाशन

ISBN : 978-93-87462-46-5

मूल्य : ₹295

पहला संस्करण : 2018

प्रकाशक : राजकमल प्रकाशन प्रा. लि.
1-बी, नेताजी सुभाष मार्ग, दरियागंज
नई दिल्ली-110 002

शाखाएँ : अशोक राजपथ, साइंस कॉलेज के सामने, पटना-800 006
पहली मंजिल, दरबारी बिल्डिंग, महात्मा गांधी मार्ग, इलाहाबाद-211 001
36 ए, शेक्सपियर सरणी, कोलकाता-700 017

वेबसाइट : www.rajkamalprakashan.com
ई-मेल : info@rajkamalprakashan.com

मुद्रक : बी.के. ऑफसेट
नवीन शाहदरा, दिल्ली-110 032

MADHUKAR SHAH
Bundelkhand Ka Nayak
Play by Govind Namdev

दो शब्द

'मधुकर शाह : बुन्देलखण्ड का नायक' कोई ऐतिहासिक दस्तावेज़ नहीं है, बल्कि इतिहास में उपलब्ध अल्प सूचनाओं और तथ्यों को आधार बनाकर बुन्देला-विद्रोह के अमर नायक मधुकर शाह बुन्देला की जीवन-यात्रा को गढ़ा गया है।

1857 के स्वतंत्रता-संग्राम से पहले, 1842 में बुन्देलखण्ड की त्रस्त जनता को अंग्रेज़ों के चंगुल से छुड़ाने के लिए मधुकर शाह ने बहादुर बुन्देला-ठाकुरों को संगठित करके बुन्देलखण्ड की आज़ादी का बिगुल फूँक दिया था। मधुकर शाह बुन्देला की ललकार से अंग्रेज़ों के पसीने छूट गए थे। बाद में बड़ी चालाकी से मधुकर शाह को उनके अपने ही लोगों से पकड़वाकर अंग्रेज़ों ने सागर की जनता के सामने उन्हें फाँसी दे दी थी। अंग्रेज़ों ने इसे बुन्देला-विद्रोह का नाम दिया।

बुन्देलखण्ड की प्रतिष्ठा और सम्मान के लिए अपने प्राणों का महात्याग करनेवाले इस महान् नायक का नाम अंग्रेज़ों ने तो अपनी लेखनी से दबाकर रखा ही, किन्तु इस अदम्य साहसी चरित्र को हमारे बुन्देलखण्ड के इतिहास में भी समुचित स्थान न मिलना मेरे हृदय को व्यथित कर गया।

उस व्यथा से मुक्ति का ही एक लघु प्रयास है—प्रेरणा देनेवाली उनकी यह शौर्य-गाथा।

—गोविन्द नामदेव

आभार

डॉ. हरीसिंह गौर विश्वविद्यालय, सागर में इतिहास के प्रोफ़ेसर डॉ. ब्रजेश कुमार श्रीवास्तव के दिल खोलकर मदद करने के जज़्बे को मैं सलाम करता हूँ। इस विषय पर उनका शोधकार्य और उनके द्वारा सुझाये गए साहित्य का अध्ययन अत्यधिक सहायक रहा—इस नाट्य-सृजन में। उनको एक बार फिर मेरा हृदय से आभार!

संस्कृति मंत्रालय, भोपाल के श्री सुनील मिश्र, 'दैनिक भास्कर', सागर के सम्पादक श्री विपुल गुप्ता, श्री सन्दीप तिवारी एवं कलागुरु श्री विष्णु पाठक, डॉ. सुरेश आचार्य, स्व. श्री रमेश दत्त दुबे, श्री टीकाराम त्रिपाठी 'रुद्र' और श्री सतीश साहू का भी मैं उनके अति आत्मिक सहयोग के लिए हृदय से आभारी हूँ।

सुपत्नी सुधा का यदि समयपरक सहयोग नहीं मिलता तो ये नाटक कभी अस्तित्व में आता ही नहीं। सृजन के प्रति उनकी गहरी रुचि और विशेष सहयोग ने मेरे सृजनशील जीवन को साँसें दी हैं। उनका और तीनों बेटियों का प्राणपण से आभार!

—गोविन्द नामदेव

मधुकर शाह
बुन्देलखण्ड का नायक

पात्र

नट	मधुकर की पत्नी
नटी	ग्रामीण एक
स्त्री–1	सरकारी वकील
मधुकर	जज
गुरु	पुकार लगाने वाला
चार–पाँच बच्चे	राजाराम
छोटी बच्ची	अंग्रेज़ अफ़सर
मुनादीकार	झुकनियाँ
राव साहब	राजधर
गणेशजू	अर्दली
भगवान सिंह	विक्रमजीत सिंह
असिस्टेंट कमिश्नर ओम्मनी	जवाहर सिंह
सेक्रेटरी	चार्ल्स फ्रेज़र
नर्तक (शेर)	मधुकर की माँ
ओम्मनी की पत्नी लिंडा	कर्नल स्लीमन
ओम्मनी का नौकर नरान	नर्मदा प्रसाद
ओम्मनी का बेटा जॉन	मधुकर की बहन
घनश्याम	मर्दन सिंह
दरयाव सिंह	लल्लाराम सिंह
पुलिस जमादार	कुछ गाँव के लोग
नौकर किसान	कुछ सिपाही
सिपाही	

कलाकार		पात्र
अश्विनी कुमार	:	मधुकर शाह
सुमित दुबे	:	राव साहब/हरबोले/गाँव वाले
रवीन्द्र दुबे (कक्का)	:	जज/हरबोले
अमजद ख़ान	:	पुलिस जमादार/गुरुजी
अनामिका सागर	:	राई नर्तकी झुकनियाँ/नटी
सुषमा मिश्रा	:	मधुकर की माँ/श्रीमती लिंडा
गौरव ठाकुर	:	गणेशजू
प्राजुल नामदेव	:	प्रिंसिपल असिस्टेंट कमिश्नर मिस्टर ओम्मनी
राजेन्द्र आठिया	:	राल्फ़/गाँव वाला/सिपाही/नर्तक
शिवम् मिश्रा	:	चार्ल्स फ्रेज़र/हरबोले/मुनादीकार
अतिशय वितरागी	:	नट/कर्नल स्लीमन/गाँव वाला
राहुल सेन	:	सेक्रेटरी/सिपाही
रितु मिश्रा	:	दाई/नर्तकी/गाँव की स्त्री
पायल इटौरिया	:	मधुकर की बहन/नर्तकी/गाँव वाली
सन्तोष दाँगी 'सरस'	:	ओम्मनी का नौकर/नर्तक/सिपाही/गाँव वाला
हेमन्त पटेल	:	राजधर/गाँव वाला
अतुल श्रीवास्तव	:	विक्रमजीत सिंह/हरबोले/पंडितजी/भर्रोही वाले/गाँव वाले
राजीव जाट	:	जवाहर सिंह/शेर नर्तक/घनश्याम सिंह/मर्दन सिंह
मनोज सोनी	:	लल्लाराम सिंह/हरबोले/गाँव वाला/जल्लाद
शुभम् विश्वकर्मा	:	भगवान सिंह/मुनादीकार/सिपाही/अर्दली/गाँव वाला
चन्द्रबिहारी दुबे	:	नर्मदा प्रसाद/राजाराम/वादक/गाँव वाला
अमान ख़ान	:	छोटा मधुकर/ओम्मनी का बेटा
आकाश विश्वकर्मा	:	नर्तक/पुकार लगाने वाला
अमित पटेल	:	नर्तक/सिपाही/गाँव वाला
अश्विनी साहू	:	सिपाही/गाँव वाला
रजनी दुबे	:	नर्तकी/गाँव की स्त्री
सेजल राजपूत	:	नर्तकी/गाँव की स्त्री

[लगभग प्रत्येक कलाकार ने 2-3 पात्रों को अभिनीत किया। एक पात्र का अभिनय पूरा होते ही अगले पात्र में प्रवेश करना अभिनय का एक बेहतरीन अभ्यास रहा कलाकारों के लिए और यही नाटक का फॉर्मेट भी बन गया]

दृश्य–1

नान्दी पाठ

[दीये की रोशनी के साथ स्त्री पात्र मंच के बीच से प्रकट होता है। शंख-ध्वनि के साथ झनझन करती मंजीरे की ध्वनि। फिर मंच के दोनों तरफ़ से अन्य स्त्री पात्र दाख़िल होते हैं।

शंख-ध्वनि बन्द होती है और स्त्री पात्रों द्वारा वाद्य सुर का सहारा लिये बिना सर्वप्रथम ईश्वर का आह्वान, उसके बाद जन-कल्याण हेतु संस्कृत में मंत्रोच्चार...। सभी धीरे-धीरे आगे आती हैं। आगे आकर प्रथम स्त्री पात्र द्वारा दीया नीचे रखकर पूजा-कर्म। फिर सभी कलाकार हाथ जोड़ संस्कृत मंत्रोच्चार करते हैं। फिर शास्त्रीय गायन। धीरे-धीरे गायन अपने भरपूर उठान पर। सभी वाद्य और सभी कलाकारों का समवेत स्वर। ऊँची उठान पर ही मंजीरे की बड़ी झपाक के साथ गायन समाप्त।

मंत्रोच्चार और शास्त्रीय गायन में पहले प्रेक्षागृह में बैठे सभी दर्शकों के कल्याण के लिए, फिर पूरे ब्रह्मांड में व्याप्त सभी थलचर, जलचर, नभचर, जड़, जीवित और प्रेतात्माओं के कल्याण की प्रार्थना के साथ इस नाट्य-प्रयास की सफलता के लिए सभी कलाकारों द्वारा प्रार्थना]

प्रार्थना : ऊँ परब्रह्मणे नमः। नमस्ते भगवन् तुभ्यम्।
त्वमेव केवलं विश्वं पालयसि।
अस्तु एतेषाम् दर्शकानाम् श्रोतृगणानाम् च कल्याणम् भवतु
सर्वेषाम् सागरीयाणाम् कल्याणम्, मध्यप्रदेशीयानाम् कल्याणम्,
भारतीयानाम् कल्याणम्, विश्वकल्याणम्,

ब्रह्माण्डे निवसन्ति तेषाम् कल्याणम्,
जलचराणाम् स्थलचराणाम् नभचराणाम् च कल्याणम्,
स्थावर–जंगमयोः कल्याणम्, प्रेतात्मानाम् कल्याणम्,
ईश्वरः सर्वेषाम् मंगलम् विदधातु
सर्वे सर्वत्र नन्दन्तु।
ॐ शान्तिः शान्तिः शान्तिः!!!

वन्दना : नमस्ते शारदे देवी, वीणा पुस्तक धारिणी।
नाट्यारम्भम् करिष्यामः, प्रसन्ना भवतु सदा॥

[वन्दना के बाद मंच के पीछे दाहिने कोने पर नटी का नृत्याभ्यास। थोड़ी देर बाद पीछे बायें कोने पर नट का नृत्याभ्यास। दोनों के नृत्याभ्यास की जुगलबन्दी। नृत्य करते–करते आगे आते हैं। अचानक नटी रुककर नृत्य अभ्यास करते नट से]

नटी : प्रियेऽऽऽ!

नट : बोलो प्रियतमेऽऽऽ *(नाचते हुए)*?

नटी : आज क्या ख़ास दिखाने वाले हो, हमारे प्रिय रसिक दर्शकों को जो इतना अभ्यास किए जा रहे हो?

नट : आज का इंसान 'अच्छा कहलाने' की पटरी से उतर गया है। आज का इंसान 'अच्छा बनने और अच्छा कहलाने' के लिए कष्ट उठाने की ज़रूरत नहीं है 'ऐसे भी चलता है' वाली पटरी पर चढ़ गया है। वो संस्कार, वो आदर्श जिससे व्यक्ति अच्छा इंसान बनता है, उनके महत्त्व को ही उसने भुला दिया।

नटी : नट महोदय, क्या मतलब है तुम्हारा? कौन-सी पटरी और कौन-से आदर्श?

नट : *(घोषणा करते हुए)* सर्वप्रथम, जो शास्त्रों में लिखा है, वो बोलता हूँ। फिर जो मैं सोचता हूँ, वह बोलता हूँ: सच बोलने का आदर्श, माता-पिता और गुरु को ईश्वर-तुल्य मानने का आदर्श। उनको सुबह उठकर प्रणाम करना, बड़ों का आदर करना, चोरी न करना।

नटी : हाँऽऽऽ, छल-कपट, बेईमानी को पाप समझना, अपने से कमज़ोरों पर दया करना, ग़रीबों की सहायता करना, समाज-हित में स्वार्थ-त्याग, अपनी प्रतिष्ठा के लिए, अपने देश-प्रदेश की प्रतिष्ठा के लिए सर्वस्व त्याग का परम आदर्श।

नट : लेकिन लोग कहते हैं, इन सबकी क्या ज़रूरत है ज़िन्दगी में? फुलिशनैस!

मूर्ख है वो, जिसने कहा—ये सार्थक जीवन की आधारशिला हैं। बस, किसी भी तरह पैसाऽऽ आने दो।

एंजॉऽऽऽय यौरसैल्फ़! ज़िन्दगी बार-बार नहीं मिलती! ऐऽऽऽश करो—ऐऽऽऽश!

नटी : *(कुछ सोचती हुई)* लेकिनऽऽ एक बात समझ में नहीं आ रही! अगर जीवन ऐशो-आराम के लिए नहीं मिला है, तो फिर मिला किसलिए है? ज़बरदस्ती थोपे गए इन आदर्शों में ख़ुद को फँसाकर, कष्ट भोगने के लिए?

नट : *(घोषणा की तरह)* सुनो—अपने से बेहतर पीढ़ी, अपने से बेहतर नस्ल हमें देनी है इस संसार को। ये दैविक उत्तरदायित्व है हमारा और यही उद्‌देश्य है हमारे जीवन का। बात समझ में आई?

नटी : हाँऽ, कुछ-कुछ समझ में तो आई। पूरी नहीं समझ में आई।

नट : मानव का उत्तरोत्तर विकास ही हमारे जीवन का परम ध्येय है और यह तभी प्राप्त किया जा सकता है जब प्रत्येक व्यक्ति, अपनी औलादों में, स्वयं से बेहतर जीवन देखे और गम्भीर प्रयास करके वो बेहतर जीवन उसे दे।

नटी : हाँ-हाँ, हाँ-हाँ!

नट : क्या तुमने कभी ऐसा कोई काम किया है? या ऐसे काम किए हैं जिनकी वजह से तुम्हारे बच्चे तुम पर गर्व करें? तुम्हारे कामों का अनुसरण करें? सालों-साल तुम्हारी आनेवाली पीढ़ियाँ उन कामों की वजह से तुम्हें याद करें और सुख का अनुभव करें? *(सुर बदलकर)* किया है कोई ऐसा काम?

नटी : *(पछतावे के साथ)* नहीं किया।

नट : *(डाँटते हुए)* तोऽऽ करो।

अपने सागर के वीर शहीद मधुकर शाह बुन्देला का नाम सुना है?

नटी : हाँऽऽऽ, वही न, जो 1857 के स्वतंत्रता-संग्राम से पहले 1842 में बुन्देला-विद्रोह के हीरो थे?

नट : हाँ...।

नटी : और जिनके नाम पर मधुकर शाह वार्ड भी है, और एक पार्क भी है? उनकी समाधि भी तो है हमारे सागर में?

नट : हाँऽऽऽ। तो, किए हैं न उन्होंने ऐसे काम, कि उनके नाम पर वार्ड भी है, पार्क भी है, और आज उनको शहीद हुए 166 साल हो गए, फिर भी हम उन्हें याद करके ख़ुश होते हैं, गर्व का अनुभव करते हैं, और

आज उनके जीवन पर नाटक खेल रहे हैं। यही जीवन की सार्थकता है, और यही जीवन की सफलता है।

नटी : अऽऽच्छा! तो शुरू करें?

नट : हाँ, तो प्रिय दर्शको, लीजिए प्रस्तुत है नाटक 'मधुकर शाह : बुन्देलखण्ड का नायक'! वीर शहीद मधुकर शाह बुन्देला, जिन्होंने अपने बुन्देलखण्ड की आन-बान-शान बचाने के लिए जान की परवाह किए बिना, विश्व के सबसे बड़े साम्राज्य, अंग्रेज़ी साम्राज्य से टक्कर ले ली और हँसते-हँसते फाँसी पर झूल गए—1857 के स्वतंत्रता संग्राम से पहले अऽट्ठारह सौ बयालीस में भारत देश की आज़ादी का पहला बिगुल फूँकने वाले बुन्देला-विद्रोह के प्रमुख नायक बन गए : अमर शहीद मधुकर शाह बुन्देला।

[रमतूला की ध्वनि के साथ नाट्यारम्भ]

दृश्य-2

मधुकर का जन्म

[प्लेट.फ़ॉर्म पर खड़ी पाँच-छह स्त्री-पात्रों द्वारा थाली बजाने के साथ मंच पर प्रकाश। थोड़ी देर थालियाँ बजती हैं, फिर एक स्त्री रुककर घोषणा करती है]

स्त्री : अपने नारहट के दद्‌दा राव विजयबहादुर शाह के घर में, रेवती नक्षत्र के अद्वितीय शुभ समय में, मौड़ा हो गओ हैऽऽऽऽ। बधाई गाऔ, बधाई!

[सभी स्त्रियाँ थालियों की आवाज़ बढ़ा देती हैं। बड़े ड्रम या नगाड़े की ध्वनि के

साथ बधाई-गीत। बधाई-नृत्य करते लोक-कलाकारों का सब तरफ़ से प्रवेश]

गीत : जनम लियौ रघुरईया,
अबध में बाजे बधईया
कौना घरी में राम रघुरईया-2
कौना घरी में किशन कन्हैया-2
अबध में बाजे बधईया
जनम लियौ रघुरईया,
अबध में बाजे बधईया
जनकपुरी में राम रघुरईया-2,
मथुरा में किसन कन्हैया-2,
अबध में बाजे बधईया
जनम लियौं रघुरईया
अबध में बाजे बधईया

(नृत्य समाप्त)

[स्त्रियाँ कलश लेकर आती हैं]

स्त्रियाँ : आज दिन सोने कौ महाराज-2
सोने के सब दिन सोने की रातें
सोने के दियरा जलइयो महाराज
आज...

[राव विजयबहादुर शाह का पगड़ी में, पीछे मध्य से प्लेटफ़ार्म की सीढ़ियाँ चढ़ते प्रवेश। प्लेटफ़ार्म के बीचोबीच खड़े हो जाते हैं। बधाई नृत्य-गीत चल रहा है। बधाई देते लोगों का ताँता लगा हुआ है। लोग बधाई देते हैं, निकल

जाते हैं कुछ वहीं रुक जाते हैं। वाद्यों में ज़्यादा धातुवाले वाद्यों का प्रयोग— ढोलक और ड्रम-नगाड़े के साथ। नृत्य ख़त्म होते-होते थाली वाली स्त्रियों का अब सिर पर मंगल-कलश के साथ प्रवेश। तुलसीदास द्वारा रचित 'राम-जन्म' गीत गाती हुई राव विजयबहादुर शाह के सामने खड़ी हो जाती हैं। राव साहब जेब से पैसे निकालते हैं। कलश में डालते हैं]

[धीरे-धीरे अन्धकार]

[कुछेक दृश्यों को छोड़कर नाटक के सभी दृश्यों में पूर्ण अन्धकार नहीं होगा। दृश्य-समाप्ति पर लाइट का जाना और अगले दृश्य की लाइट का आना लगभग साथ-साथ होगा]

दृश्य-3

छह साल के मधुकर पाठशाला में

[लाइट के गोल घेरे में गुरु हाथ में नारियल लिये खड़े हैं और मधुकर घुटनों पर बैठकर नारियल पर हाथ रखे हुए]

गुरु : माता-पिता के आदेशों का

मधुकर : माता-पिता के आदेशों का

गुरु : अक्षरशः पालन करूँगा।

मधुकर : अक्षरशः पालन करूँगा।

गुरु : वृद्धावस्था में उनकी भरपूर सेवा से पीछे नहीं हटूँगा।

मधुकर : वृद्धावस्था में उनकी भरपूर सेवा से पीछे नहीं हटूँगा।

गुरु : चोरी, छल-कपट, लालच और बेईमानी जैसे दुर्गुणों को अपनाकर

मधुकर : चोरी, छल-कपट, लालच और बेईमानी जैसे दुर्गुणों को अपनाकर

गुरु : अपने सुन्दर और अनमोल जीवन को कलुषित नहीं करूँगा।

मधुकर : अपने सुन्दर और अनमोल जीवन को कलुषित नहीं करूँगा।

गुरु : ईश्वर मुझे

मधुकर : ईश्वर मुझे

गुरु : इन सभी वचनों का पालन करने के लिए

मधुकर : इन सभी वचनों का पालन करने के लिए

गुरु : शक्ति दे, सद्‌बुद्धि दे।

मधुकर : शक्ति दे, सद्‌बुद्धि दे।

गुरु : ओऽम्।

मधुकर : ओऽम्।

[मधुकर नारियल गुरु के हाथ में ही छोड़कर गुरु को साष्टांग प्रणाम करते हैं]

[अन्धकार]

दृश्य-4

दस-बारह साल के मधुकर का पाठशाला में श्लोक-अभ्यास

[चार-छह बच्चे गायत्री मंत्र का अभ्यास आमने-सामने पद्मासन मुद्रा में बैठे हुए कर रहे हैं। गुरु बीच में ऊँचाई पर पद्मासन मुद्रा में बैठे हुए हैं। गुरु गायत्री मंत्रोच्चार करते हैं तो सभी बच्चे, मंत्रोच्चार करते हुए, बैठकर करनेवाले योगासन भी करते हैं]

गुरु : ओऽम् भूर्भुवः स्वः

बच्चे : ओऽम् भूर्भुवः स्वः

गुरु : तत्सवितुर्वरेण्यम्

बच्चे : तत्सवितुर्वरेण्यम्

गुरु : भर्गो देवस्य धीमहि

बच्चे : भर्गो देवस्य धीमहि

गुरु : धियो यो नः प्रचोदयात्

बच्चे : धियो यो नः प्रचोदयात्

गुरु : ओऽम्

बच्चे : ओऽम्

गुरु : मधुकर, पूर्ण श्लोक-गायन करो।

मधुकर : जी, गुरुजी।

[मधुकर पूरा श्लोक बोलते हैं— पूरे आत्म-विश्वास के साथ। गुरु 'शाबाश' कहकर सूर्योपासना हेतु सूर्य-मंत्र का अभ्यास कराते हैं। सब बच्चे आमने-सामने खड़े होकर सूर्य-नमस्कार करते हैं— श्लोक बोलते हुए। गति धीमी। कोरस शामिल होता है]

[धीरे-धीरे अन्धकार]

दृश्य-5

सोलह साल के मधुकर एक छोटी बच्ची से शास्त्रीय गायन सीख रहे हैं

बच्ची : नी रे सा, नी रे सा

मधुकर : नी रे सा, नी रे सा

बच्ची : नी रे ग ध प म प म ग नी रे सा

[मधुकर दोहराते हैं।]

बच्ची : 'रे' ठीक से लगाओ, मधुकर।

मधुकर : *(दोनों हाथ जोड़कर)* जो आदेश मेरी माँ!

[मधुकर ठीक से गाते हैं। धीरे-धीरे बढ़त लेते हैं। पूरा राग शब्दों के बिना सुरों पर चलता है। हाई नोट पर ठहराव, तानें, आलाप। हाई नोट पर फिर ठहराव। शास्त्रीय गायन का मधुकर द्वारा शानदार प्रदर्शन। तभी गुरु बाक़ी बच्चों के साथ आते हैं]

बच्ची : *(गुरु-पिता से)* अच्छे प्रवीण हो गए हैं मधुकर भैया गायन में।

गुरु : *(बच्चों में, मधुकर के छोटे भाई गणेशजू से)* देख लिया गणेश? अब तुम्हें भी अपने भाई की तरह हर विधा में भली-भाँति पारंगत होना है।

गणेशजू : जी गुरुजी।

[मधुकर उठकर गुरु के चरण-स्पर्श करते हैं। गुरु उन्हें बीच में ही रोककर बच्ची की तरफ़ इशारा करते हैं। मधुकर तुरन्त उसके सामने बैठकर साष्टांग प्रणाम करते हैं]

बच्ची : आयुष्मान भव! विजयी भव!

[अँधेरा होते ही नगड़िया और नगाड़े की समवेत् ध्वनि]

[दृश्यान्त]

दृश्य–6

शस्त्रविद्या-अभ्यास

[मधुकर और गणेशजू की तलवारबाज़ी का अभ्यास-प्रदर्शन। दोनों ख़ूब अच्छा अभ्यास करते हैं। पहले एक-एक तलवार से, फिर दोनों हाथों में दो-दो तलवारों से शानदार प्रदर्शन। अन्त में मधुकर की जीत। तलवार लिये दोनों हाथ उठे हुए]

गुरु : आयुष्मान् भव! विजयी भव!

[अँधेरा होते ही शहनाई और फिर नगाड़े की ध्वनि]

दृश्य–7

गणेशजू का ब्याह

[शहनाई और नगाड़ों की बढ़ती हुई ध्वनि। ब्याह-गीत से दृश्य प्रारम्भ। मंच पर प्रकाश। शादी का मंडप पीछे मध्य में प्लेट.फॉर्म के ऊपर। पंडित के मंत्रोच्चार। मधुकर दूल्हे की पगड़ी में दुलहन के साथ फेरे लेते

हुए। राव साहब, माँ, गणेशजू आदि फूल बरसाते हुए। नीचे सभी तरह के बुन्देली ब्याह-गीत-नृत्य]

पहला ब्याह-गीत : माई री, मैं टोना करहों-2
सुआ की चोंच, कबूतर के पखना
उड़त चिरैया के नैन री, मैं टोना करहों
इन तीनईं की ताबीज बनैहों,
बाँध बन्नैं के नैन री, मैं टोना करहों
नैना के बाँध बन्ना नैन नैं चलैहे
तकै न पराई नार री, मैं टोना करहों...

[नृत्य समाप्त]

दूसरा ब्याह-गीत : जनक राजा रचाई जिवनार
जेबैं सिरीराम जू लला-2
आलू गोभी की तरकारी-2
सैम टमाटर लोंकी प्यारी
बथुआ पालक मेंथी न्यारी-2
दार राहर की बनी मजेदार-2
जेबैं सिरीराम जू लला
जनक राजा...

[अन्त में बधाई-नृत्य के तेज़ गति वाले नये स्टैप्स। (चरमोत्कर्ष)

मधुकर अपने माता-पिता के पाँव छूते हैं। वे उसे आशीर्वाद देते हैं]

[धीरे-धीरे अँधेरा]

दृश्य-8

पगड़ी-रस्म

[मधुकर के पिता राव विजयबहादुर शाह की हवेली का दरबार। परिवार के सभी सदस्य पगड़ी-रस्म में मौजूद। राव साहब अपनी पगड़ी उतारकर मधुकर को पहनाते हैं और फिर घर की ज़िम्मेदारी मधुकर को सौंपने की घोषणा करते हैं]

राव साहब : आज सैं नाराहट के राव विजयबहादुर साह की दस गाँवों की जागीर कौ सिरमौरऽ हमाऔ बड़ौ बेटा मधुकर साह।

सब : मधुकर साह कीऽऽ जय मधुकर साह कीऽऽऽऽ जय।

[सब फूल बरसाते हैं। जय-जयकार करते हैं। सभी वाद्यों का समवेत् प्रदर्शन। अच्छी उठान पर समाप्त]

दृश्य-9

मुनादी

[पिछले दृश्य का साउंड इ़फ़ैक्ट ख़त्म होते ही नगड़िया की टन-टन के साथ दृश्यारम्भ]

मुनादीकार : घोषणाऽ! घोषणाऽऽ! घोषणाऽऽऽ! घोषणाऽ! घोषणाऽऽ! घोषणाऽऽऽ! *(भीड़ इकट्ठी होती है)* प्रत्येक आम और प्रत्येक ख़ास नागरिक को सूचना दी जाती है कि गाँवों के समुचित विकास

के लिए और आप सभी की सुख-सुविधाओं को बढ़ाने के लिएऽऽ सरकार नेऽ सागर-नर्मदा क्षेत्र विकास योजना बनाई है। इस योजना के तहत गाँवों मेंऽऽ पक्की सड़कें, स्कूल और अस्पताल बनाने का प्रावधान है। इस बड़ी योजना को कार्यान्वित करने मेंऽऽ काफ़ी बड़े ख़र्चे को देखते हुए भूमि-राजस्व की निश्चित दर को पच्चीस प्रतिशत और बढ़ा दिया गया है। *(नगाड़े की ध्वनि)*

सभी आम और सभी ख़ास कोऽऽ ताक़ीद की जाती हैऽऽ कि अपना-अपना लगान समय पर चुकाकरऽऽ इस विकास काऽ हिस्सा बनें और सरकार के साथ वफ़ादारी का, आनेवाले समय में, सिला पाएँ। सरकार के इस आदेश काऽ ठीक ढंग से पालन न करनेवाले कोऽऽ कड़ी सज़ा का प्रावधान है।

[नगड़िया की कड़कड़ाहट। 'घोषणा, घोषणा, घोषणा' कहता हुआ मुनादीकार आगे बढ़ जाता है। सभी गाँववाले हैरान-परेशान बिना बोले प्रतिक्रिया ज़ाहिर करते हैं]

[धीरे-धीरे अँधेरा और अगले दृश्य का उजाला]

दृश्य-10

[नट-नटी का एक साथ सेंटर स्टेज पर, तेज़ गति से बोलते हुए आगमन]

नट : छोटे किसान-बड़े किसान, ज़मींदार, जागीरदार,

भू-राजस्व और लगान अदा करनेवाले सभी लोग अंग्रेज़ों की इस मनमानी से बौखला गए।

नटी : उन्हीं दिनों अकाल की मार ने सबकी कमर तोड़ दी थी।

नट : लेकिन अंग्रेज़ों ने अकाल का बहाना बनाकर टैक्स न चुकाने वालों के ख़िलाफ़ सख़्त ज़्यादतियाँ करनी शुरू कर दीं।

नटी : लोगों की सम्पत्तियाँ कुर्क करने लगे ये अंग्रेज़। जिनके पास सम्पत्ति न होती, उनके साथ बेरहमी से मारपीट और उन्हें जेल में डालने लगी ये अंग्रेज़ी सरकार।

नट : छीः-छीः, लानत है ऐसी सरकार पर!

नट-नटी : लानत है!

[झटके से लाइट जाती है]

दृश्य-11

राव विजयबहादुर शाह का दरबार

[कई किसान लगान की समस्याएँ लेकर आए हैं। भू-राजस्व बढ़ा देने से सभी परेशान हैं। एक किसान अपनी समस्या रखता है]

भगवान सिंह : फसल सूख गई हती, कम निकरी है, बड़ौ भव लगान हममें सैं कौनऊं नईं दै सकत अबै। कल

आँहें वसूल करबे बारे। आपऽऽ माफ़ करवा दो। आपकौ अहसान रै है हम पै, राव साहब!

[राव साहब मधुकर को इशारा करते हैं जवाब देने के लिए। मधुकर, राव साहब को हाथ जोड़कर सहमति देकर खड़े हो जाते हैं और किसान के पास आते हैं]

मधुकर : *(समझाते हुए)* अगर वे माँग रए हैं, तौ बदले में इत्ती सुख-सुविधाएँ बी तौ जे अंग्रेज दै रए हैं। दै रए हैं कै नईं? तुमाई सम्पत्ती, हमाई जागीरदारी की, डाकुओं सें रक्छा करबे के लाने सिपाई भेज रखे हैं। हम चैन सैं तो रै रए हैं। कबऊँ बी डाकू आकें लूट लेंहें, जे डर सैं मरे तौ नईं जा रए? जैसौ पैलें होत हतौ। बदले में हमें बी तौ उनके लगान कौ खियाल रखौ चइए कि नईं?

भगवान सिंह : पैलें सौ निकरत ते, अब पचासई बोरा निकरे हैं गेहूँ के।

मधुकर : कौसिस करौ, जित्तौ दै सकत हौ, दै दो। बाकी हम बात कर लैं हैं।

भगवान सिंह : हम तौ कच्छू नईं दै सकत ठाकुर साब।

मधुकर : बड़ौ अच्छौ कर रए हौ, कछु नईं दै सकत! वे हमाए गाँव में पक्कौ स्कूल खोल रए हैं, कै नईं? तुमाए मौड़ा-मौड़ी पड़-लिख लैंहैं, जिन्दगी में कछू कर तौ लैंहैं। हल चलाबे बारे बैलों में और उनमें कछू तौ अन्तर करौ। कुआँ के मेढक कब तक बनै रैहौ— कब तक? बोलौ तौ कछू??? *(समझाते हुए)* लगान थोड़ौ जादाँ जरूर लग रऔ है। मनौ, अपनै बच्चों के भविस्य की खातिर, थोड़ी परेसानी उठा लो। जे

पढ़ी-लिखी सरकार है। सबके भविस्य के बारे में सोचत है। सब जनैं समज रए हौ न, जा बात?

सभी किसान : *(एक साथ)* हऔ समझ में आ रई है ठाकुर साब।

मधुकर : कल कमिसनर ओम्मनी साब बी, वसूली करबे वारों के साथ दौरे पै हैं। जोरदार स्वागत भऔ चइए उनकौ, और जौ सब, हमें अपने बच्चों के अच्छे भविस्य के लानै करनै है। समज में आई कै नईं?

सब किसान : हऔ मालक। आ गई है समज में।

मधुकर : अपने आस-पास के दसई गाँवों में आजई मुनादी करवा दो। कल भुंसारें हवेली पौंच जाएँ सब जनैं कमिस्नर के स्वागत के लाने। गाजे-बाजे की तैयारी के साथ।

सब किसान : हओ ठाकुर साब।

[दृश्यान्त]

दृश्य-12

राव साहब का घर

[प्रिंसिपल असिस्टेंट कमिश्नर ओम्मनी का भव्य रूप में प्रवेश। फूल-मालाओं से लदे हुए। प्रेक्षागृह के किसी भी कोने से लोक कलाकार उन्हें गाते-बजाते हुए लेकर आते हैं। स्टेज पर सीढ़ियाँ चढ़ते ही गीत बदलता है। एक स्त्री कलाकार आरती उतारती है। बाक़ी स्त्री कलाकार बिना किसी वाद्य के सहारे स्वागत-आरती-गीत गाती हैं]

स्वागत गीत : तुमनै राखे मान हमारे
हुई हैं भले तुमारे

तुमनें राखे...
डेरा देंहें खास द्वारे–2
भोजन देंहें न्यारे
तुमनें राखे...

[स्वागत–गीत समाप्त होते ही राव विजयबहादुर शाह माला पहनाते हुए]

राव साहब : हमारे बुन्देलखण्ड में, हम बुन्देलों के लिए मेहमानऽ भगवान के बराबर होता है। आपका स्वागत है।

सेक्रेटरी : गैस्ट–गॉड!

ओम्मनी : *(ख़ुश होकर)* ओऽऽह, आई एम गॉड! आई ऐम गॉड!!

[बाजे की ध्वनि, उन्हें कुर्सी तक ले जाया जाता है। कुर्सी पर बिठाते ही बधाई नृत्य शुरू हो जाता है]

बधाई नृत्य : चुनरिया छोड़ो रसिया–2
मोहे पनियाँ खौं हो रई अबेर
नैना बन्द लागै कइयो हो
चोली बन्द लागै कइयो
तोरे पाँव की बिछिया
छम छम होबें
गोरी धीरें चलौ जहाँ पिया सोबें
नैना बन्द लागै कइयोऽऽऽ

[एक अच्छी उठान के बाद नृत्य समाप्त होता है। ओम्मनी उठकर ज़ोर–ज़ोर से तालियाँ बजाता है। कलाकार जाने लगते हैं।]

ओम्मनी : *(कलाकारों को)* नो नो डौंट गो। *(राव से)* टैल दैम, आई वांट टू सी मोर...आई रियली लाइक्ड इट।

[राव साहब नहीं समझ पाते, इसलिए थोड़े अनमने, प्रश्नात्मक दृष्टि से उसे देखते हैं। ओम्मनी अपने सेक्रेटरी की तरफ़ झटके से देखता है। सेक्रेटरी हड़बड़ाकर]

सेक्रेटरी : *(बिना किसी भाव के, मशीनी ढंग से, कलाकारों से)* तुम रुको। *(राव से)* इनसे बोलो—और नाचें, मुझे और देखना है। मुझे बहुत पसन्द आया।

[राव साहब बात समझने पर हँसते हैं और बाक़ी सब भी हँसते हैं]

राव साहब : *(गर्व के साथ)* हर मौसम में नाचते हैं। हर अवसर पर नाचते हैं। नाचना-गाना हमारे लिए जीवन है। यही हमारी संस्कृति है। यही हम बुन्देलों की पहचान है। और हमें, अपनी इस पहचान पर गर्व है।

[ओम्मनी सेक्रेटरी की तरफ़ देखता है।]

सेक्रेटरी : वी डांस इन ऐवरी क्लाईमैट। वी डांस एट ऐवरी ऑकेज़न। सिंगिंग, डांसिंग इज़ अवर लाइफ़। दिस इज़ अवर कल्चर। दिस इज़ द आइडेंटिटी ऑफ़ वी बुन्देलाज़ एंड वी आर प्राउड ऑफ़ इट।

ओम्मनी : *(ख़ुश होकर)* वाऽऊऽऽ! फ़ैंटास्टिक! दैन शो मी मोर।

सेक्रेटरी : थोड़ा और दिखाओ।

[राव साहब सामने खड़े कलाकारों से कहते हैं]

राव साहब : *(ख़ुश होते हुए)* कछू और दिखाऔ इनखौं। बरेदी, ढिमरयाई बगैरा की तैयारी है?

कोरस : हओ राव साहब!

राव साहब : तौ ठीक है। खुस करकैं भेजौ इनखों। कबऊँ भूलई नैं पाएँ जे, बुन्देलखण्ड की खुसबू। चलौ, सुरू करौ।

कोरस : हऔ दद्दा।

[बुन्देलखण्ड के लगभग सभी प्रमुख नृत्य और गीतों का शानदार प्रदर्शन]

ढिमरयाई : चलौ-चलौ नरबदा पार जहाँ पै मेला लगौ-2
कक्का हमाए समर कें निकर गए
काकी निकर नें पाईं रिपट नें तुम परियो।
चलौ...

नौरता गीत : हिमांचल जू की कुँआरी लड़ाई ती मारे सुअटा-2
घोड़ला छूटे चन्दा मानके
घोड़ला छूटे सूरज मानके-2
जे दोइ भैया लिबावन जैहें, पठावन जैहें
लाल छड़ी चमाकत जैहें,
नीली-सी घोड़ी कूदावत जैहें
घोड़ला छूटे...
हमाये गौर की आंईं देखौ झांईं देखौ पैरे देखो
माथे बीज देखौ माथे बैंदी देखौ
हमाये...

(नृत्य समाप्त)

[अचानक शेर की दहाड़ के साथ शेर-नृत्य प्रारम्भ। शेर की दहाड़ और जिमनास्टिक्स का मिला-जुला शानदार शेर-नृत्य। ओम्मनी बहुत ख़ुश। अचानक उठता है, ताली बजाता आगे आता है]

ओम्मनी : वैरी गुड! यू डांस सो वैल एंड सो विगरसली।

सेक्रेटरी : *(मशीनी)* बहुत सुन्दर। बहुत अच्छा नाचते हो औऽऽर इतनी प्रबलता से।

नर्तक : हमाए अहो भाग्य आप खौं अच्छौ लगौ।

ओम्मनी : *(पूँछ पर ध्यान लगा है)* यौर टेल, वैरी इंट्रेस्टिंग।

सेक्रेटरी : *(कम्प्यूटर की तरह)* पूँछ बहुत रोचक है।

ओम्मनी : हू हैज़ डन द प्रिंटिंग? रियली आर्टिस्टिक।

सेक्रेटरी : किसने प्रिंट किया? बहुत कलात्मक है।

[राव आदि एक दूसरे को देखते हैं। सामान्य बुद्धि शेर असिस्टेंट कमिश्नर ओम्मनी के सामने सहमा-सा खड़ा है। मधुकर जवाब देता है]

मधुकर : *(शान से तारीफ़ करते हुए)* प्रिंट नहीं किया, हाथ से बनाया है।

ओम्मनी : लवली, लवली!

सेक्रेटरी : सुन्दर, बहुत सुन्दर!

ओम्मनी : आई ऐम वैरी इम्प्रैस्ड।

सेक्रेटरी : मैं बहुत प्रभावित हूँ। *(जो भी अनुवाद करके बोलता है—बिना किसी भाव के)*।

ओम्मनी : यू इंडियंस आर जस्ट इनक्रैडिबल! यू पियर्स यौर चीक्स विद त्रिशूल! यू पियर्स यौर आर्म्स, यू पीपल वॉक ऑन फ़ायर!

ओम्मनी : ये टेलऽ आस के अन्दर कैसे इन्सर्ट किया? *(हँसते हुए)*

सेक्रेटरी : ये पूँछ...*(बोलते-बोलते रुक जाता है)*

ओम्मनी : *(शेर को देखते हुए)* इस टेल को आस में कैसे इन्सर्ट किया *(हँसता है)*

सेक्रेटरी : इस पूँछ को...*(फिर रुक जाता है)*

ओम्मनी : आस में कैसे इन्सर्ट किया?

सेक्रेटरी : पूँछ को कैसे घुसाया?

ओम्मनी : आस में कैसे इन्सर्ट किया? *(तनाव के साथ हँसता है)*

सेक्रेटरी : पूँछ को *(सकुचाते हुए)* गुदा द्वार में कैसे घुसाया?

ओम्मनी : या दैट्स इट। *(शेर से)* शो मी, टर्न-टर्न।

[शेर को मुड़ने का इशारा करता है। शेर मुड़कर पूँछ ओम्मनी की तरफ़ कर देता है। ओम्मनी पूँछ को छूकर देखता है, तारीफ़ करता है]

ओम्मनी : माई सन, रियली लाइक्स सच आर्टिस्टिक थिंग्स। निकालो इसको। *(दबाव के साथ)* निक्कालो इसको!

[आदेश देकर अपनी सीट पर वापस आ जाता है। सभी उसके इस व्यवहार से हैरान हैं, आहत हैं]

: वॉट हैप्पिंड? निक्कालो इसको! *(हँसते हुए सबकी तरफ़ मुड़ता है)*।

[शेर अभी भी स्तब्ध है। बेइज़्ज़त महसूस कर रहा है।]

: वॉट इज़ द प्रौब्लम? *(झल्लाता हुआ हँसता है)*।

सेक्रेटरी : *(अनुवाद करते हुए)* क्या हुआ? इसमें सोचना कैसा? निकालो इसको!

[शेर अभी भी स्तब्ध है। कोई हरकत नहीं करता पूँछ को निकालने की]

ओम्मनी : ओ.के.! लेट मी ट्राई।

[ओम्मनी उठता है। शेर के पास जाता है। पूँछ पकड़कर हलके से, फिर थोड़ा ज़ोर से निकालने की कोशिश करता है। शेर भी पूँछ के साथ खिंचता है। ओम्मनी को मुश्किल लगता है। झल्लाहट में ज़ोर-ज़ोर से ताक़त के साथ झटके देता है। जब पूँछ फिर भी नहीं निकलती तो झटके से शेर को नीचे गिरा देता है। शेर को चोट लगती है। ओम्मनी गुस्से में सेक्रेटरी को इशारे से ऑर्डर करता है—'कम ऑन', और वापस सीट पर बैठता है। सेक्रेटरी पहले झिझकता है। झिझकते हुए आगे बढ़ता है। शेर उठता है। कुछ सोचकर प्यार से शेर को खुद ही पूँछ निकालने की सलाह देता है। नर्तक शेर सेक्रेटरी को इशारे से समझाता है, फिर बोल ही पड़ता है]

नर्तक शेर : जाँघिया के नैचैं कसकैं बँदी है, ऐसें नै निकर है।

सेक्रेटरी : *(थोड़ा सोचता है, फिर मजबूरी से)* निकालना तो पड़ेगा। साब ने कै दई है, तौ अब, कछु नईं हो सकत। निकार दो अब जैसें भी निकरत है।

[नर्तक सोच में डूबा है।]

सेक्रेटरी : किसी तरह निकालो न! साब भौत जल्लाद आदमी है। गुस्साँ हो जात है तौ कौनउँ सें नईं समलत।

नर्तक शेर : अच्छा!

[मजबूर महसूस करता है। सबके सामने कैसे उतारे, इस शर्म के मारे नर्तक इधर-उधर देखता है। दरबार में बैठे कलाकारों को पास आने का इशारा करता है। पुरुष कलाकार पास आकर उसे घेरकर खड़े हो जाते हैं। जाँघिया उतारने का उपक्रम। आधे में ही कलाकार एक-दूसरे का हाथ पकड़कर शेर के चारों तरफ़ घूमने लगते हैं। ओम्मनी बैठा देखता है— बाक़ी सब खड़े हैं। कलाकारों का घूमना बन्द होता है। झटके से या बहुत प्यार से पूँछ निकाली जाती है। सेक्रेटरी को दी जाती है। सेक्रेटरी ओम्मनी को पकड़ाता है। ओम्मनी के हाथ पूँछ आते ही बिना वाद्य के मरण गीत गाते कलाकार शेर को घेरे में ही बाहर ले जाते हैं]

[धीरे-धीरे अँधेरा मगर मंच के दूसरे छोर से प्रवेश लेते हरबोलों पर उसी समय प्रकाश]

दृश्य-13

[हरबोलों का गाते हुए प्रवेश]

हरबोले : अरे मोरे राम-4
अंग्रेजों ने करी जादती,

का छोटे का बड़े किसान
अरे मोरे राम...
जमींदार जागीरदार पै,
मनमाने धर दए लगान—
अरे मोरे राम...
एक तरफ अंग्रेज सतावें,
दूजे लए अकाल नै प्रान —
अरे मोरे राम...
दया भाव नईंयाँ, जे कै रये,
मर जाऔ पर देओ लगान —
अरे मोरे राम...

[हरबोले-गीत की आख़िरी दो पंक्तियों के दौरान ओम्मनी और सेक्रेटरी पोज़ीशन ले लेते हैं। हरबोलों पर से लाइट जाती है और ओम्मनी पर लाइट आती है]

दृश्य-14

ओम्मनी का घर

[ओम्मनी कॉफ़ी पीते हुए सेक्रेटरी को डिक्टेशन दे रहा है। बैकग्राउंड में पूँछ लटक रही है]

ओम्मनी : *(सेक्रेटरी को आदेश देते हुए)* कॉल गुड आर्किटैक्ट्स ऑफ़ दिस एरिया। आर्किटैक्ट को क्या बोलटे टुम ?

[सेक्रेटरी चुप रहता है]

ओम्मनी : जो बिल्डिंग बनाटा, उसको क्या बोलटे टुम?

सेक्रेटरी : राजमिस्त्री सर!

ओम्मनी : ओ.के., ओ.के.! कॉल दैम। हमारा आर्किटैक्ट्स का टीम इग्लैंड से रवाना हो चुका है। उसको हैल्पर्स माँगटा है। इडर स्कूल बानेगा। कुछ टाइम के बाड मेरा बाच्चा ग्रो होगा। उसे स्कूल का जारूरत होगा। यू अंडरस्टैंड? आस-पास का रियासत को, जामींडार को ऑर्डर भेजो—स्कूल, ब्यूटीफ़ुल रिच डिखने वाला—स्कूल बिल्डिंग बानाने का प्लान है। इसके लिए पैसा चाहिए। उनका बाच्चा को इस स्कूल के अंडर पाढ़ने का अपॉर्चुनिटी मिलेगा। ईडर स्टडी के बाद उन बच्चा को इंग्लैंड पाढ़ने का योग्यटा मिलेगा।

मेरा वाइफ़ सैकेंड टाइम प्रैग्नेंट है। टैन लोकल नर्स का इंटज़ाम हो गया? माई वाइफ़ विल नीड दैम फ्रॉम नैक्स्ट मंथ। अ गुड केयर इज़ नीडेड फ़ॉर माई प्रैग्नेंट वाइफ़।

पत्नी लिंडा : *(पीछे से आवाज़ आती है)* कम ऑन जॉऽन। ऐसा माट कारो। आपने नौकर के साठ अयसा बीहेव माट करो। बी पोलाईट टू हिम।

[जॉन रूठा हुआ है। माँ को इधर-उधर दौड़ा रहा है]

: लिसिन टु मी, डोण्ट डू दिस टु मी। आई कान्ट रन आफ़्टर यू लाइक बिफ़ोर, आई एम टायर्ड।

[नौकर नरान सहमा सा स्टेज पर आता है]

ओम्मनी : व्हाट हैप्पंड लिंडा? लिंऽऽडा?

सेक्रेटरी : *(नौकर को एक तरफ़ ले जाकर)* क्या हो गया? तूने कुछ कर दिया क्या? छोटे मालिक गुस्सा में दिख रहे हैं।

[दबी आवाज़ में सिसक रहा है नौकर। वह कुछ नहीं बोलता]

: दिमाग़ ख़राब है तेरा? बोलता क्यों नहीं? येई सब करना था तो मेरे सामने नौकरी के लिए क्यों गिड़गिड़ा रहा था?

[नौकर दबी आवाज़ में सिसकता रहता है। वह कुछ नहीं बोलता]

: क्या हुआ है, वो तो बता?

नौकर नरान : घर सैं खबर आई है। छोटी मौड़ी... *(रोते हुए)* तेज बुखार में तप रई है...हमें घरै जानै हैं... *(रोता है)* और छोटे मालक कै रये हैं—घोड़ा बनों।

सेक्रेटरी : ठीक है, ठीक है, रोना बन्द करो। मैं बात करता हूँ साहब से।

[इस बीच माँ-बेटे बाहर निकल जाते हैं। सेक्रेटरी कॉफ़ी पीते ओम्मनी के पास जाता है। नौकर की समस्या बताता है]

ओम्मनी : *(दबाव के साथ)* दिस इज़ द रीज़न, टुम इंडियन कबी टारक्की नहीं कर पाटा और पूरा लाइफ़ नौकर बना रहने में खुश रहता है। यू मस्ट ऑब्ज़र्व यूअर ड्यूटीज़ प्रॉपरली ऑर यू डॉन्ट डू इट, एट ऑल। नौकरी छोड़ डो। टैल हिम दिस, वेन यू आर ऑन

ड्यूटी, यू आर जस्ट हियर, फ़ैमिलीऽऽ ऑफ़्टर द ड्यूटी। फ़ैमिली बाड में। इफ़ यू कान्ट डू दिस वे, लीव द जॉब।

[सेक्रेटरी 'हाँ' में सिर हिलाता है। नरान के पास जाता है।]

सेक्रेटरी : नौकरी करनै, कै घरै जानै?

[कुछ ही देर में सिसकना बन्द कर नरान सहमति से सेक्रेटरी के पाँव छू लेता है]

नरान : नौकरी करने है साब, नौकरी करने है!

सेक्रेटरी : *(ओम्मनी के पास जाकर)* ही इज़ ऑन ड्यूटी सर...घर नहीं जाएगा...लिटिल मास्टर कैन प्ले विद हिम नॉउ...।

ओम्मनी : दैट्स रियली सेंसिबल।

[जॉन को आवाज़ देता है।]

: जॉन, कम हियर माय सन। योअर हॉर्स इज़ रेडी। हैव अ रियल गुड डिलाइटफ़ुल राइड...जस्ट लाइक योअर फ़ादर डू, एंड यौर फ़ोर फ़ादर्स हैव डन। *(एक-एक शब्द को रेखांकित करता हुआ बोलता है)*

[लिंडा और जॉन आते हैं। जॉन चुपचाप नरान के पास खड़ा हो जाता है। नरान मशीनी ढंग से घोड़ा बन जाता है। जॉन को लिंडा पीठ पर बिठाती है। जॉन सम्हलकर नौकर की पीठ पर बैठ जाता है। क़मीज़ को पकड़कर उसे चलने के लिए कहता है]

जॉन : से, व्हाट यू सैड यस्टरडे।

[नौकर उसकी तरफ़ प्रश्न भरी नज़र से देखता है]

: से गोड़ा...

[नौकर समझ जाता है, बोलना शुरू करता है]

नरान : *(अपनी रुलाई पर नियंत्रण का असफल प्रयास करते हुए)* चल मेरे घोड़े—टिक, टिक, टिक!

जॉन : याऽऽस, दैट्स इट। *(वो भी बोलता है)* चल मेरे गोड़े—टिक टिक टिक!

[ओम्मनी लिंडा को आवाज़ देता है, पूँछ उठाकर लिंडा की तरफ़ उछाल देता है और जॉन को देने का इशारा करता है। जॉन के हाथ में पूँछ आते ही]

ओम्मनी : जॉन!

[जॉन ओम्मनी की तरफ़ देखता है]

: यूज़ इट। इट्स रीयली फ़न!

[जॉन पूँछ को हंटर की तरह इस्तेमाल करते हुए]

जॉन : चाल मेरे गोड़े—टिक टिक टिक...!

जॉन बोलता जाता है। जॉन की आवाज़ रिकॉर्डेड आवाज़ में मिल जाती है। साथ-साथ इंग्लिश ड्रम

भी सुनाई पड़ने लगते हैं : 'चाल मेरे गोड़े— टिक टिक टिक'। इंग्लिश ड्रम बीट्स पर एक तरफ़ घोड़े की सवारी और दूसरी तरफ़ ओम्मनी अपनी पत्नी लिंडा के साथ स्लो मोशन में वॉल डांस कर रहा है। जॉन की रिकॉर्डेड वॉइस 'चाल मेरे गोड़े— टिक टिक टिक' लाइट सिल्विट में बदल जाती है, और अन्त में जॉन और नरान सेंटर स्टेज के सबसे ऊपरी हिस्से पर आकर रुक जाते हैं। जॉन का पूँछ वाला हाथ ऊपर उठा हुआ।

[दृश्य सिल्विट में ख़त्म होता है]

[धीरे-धीरे अँधेरा]

दृश्य–15

सरकारी गेस्ट हाउस

[सरकारी गेस्ट हाउस। पुलिस जमादार कुर्सी पर बैठा है और छः सिपाही पीछे खड़े हैं। दो किसान कान पकड़कर उट्ठक-बैठक करते हुए बोलते जा रहे हैं]

दोनों किसान : *(एकसाथ)* एक मईना में लगानऽ जरूर दै दैहैं *(दोहराते जाते हैं)*

[इतने में एक मज़दूर किसान लोटे में महुआ की शराब और पीतल का गिलास लाकर टेबल पर रखता है और वहीं नीचे बैठ जाता है]

पुलिस जमादार : कुछ मिलाया तो नहीं है इसमें?

मजदूर किसान : अरे नहीं साहब, एकदम खालस है महुआ की। पीकैं देखौ, आपखौं खुदई पतौ चल जैहै।

पुलिस जमादार : ठीक है, ठीक है। ज़्यादा मुँह मत चला। डाल दे, गिलास में।

[मजदूर किसान खटाक से उठकर गिलास में शराब डालता है। किसान अभी भी कान पकड़े शब्दों को दुहराते हुए उट्ठक-बैठक कर रहे हैं। अचानक शराब डालते हुए गिलास लुढ़ककर टेबल से नीचे गिरता है, और मजदूर किसान डर जाता है। पुलिस जमादार उठकर उसे एक झापड़ लगाता है। यह देखकर दोनों बड़े किसान ज़ोर-ज़ोर से बोलने लगते हैं। पुलिस जमादार मज़दूर किसान को भी इशारे से कान पकड़कर उठक-बैठक करने को कहता है। उन दोनों किसानों के साथ वह भी उट्ठक-बैठक शुरू कर देता है और उनकी ही लय में बोलता जाता है—'आगे सैं ध्याऽऽन रख लैंहें'। पुलिस जमादार आराम से शराब के घूँट ले रहा है। कुर्सी के बजाय टेबल पर बैठा है। तीनों किसान बोलते हुए उट्ठक-बैठक करते हैं। थोड़ी देर में दो सिपाही लगान नहीं देनेवाले कुछ किसानों को मारते हुए लाते हैं। स्टेज पर लाकर पटक देते हैं]

एक सिपाही : कहते हैं—नहीं दे सकते लगान।

[चार सेकेंड सब फ्रीज़]

[पुलिस जमादार फ्रीज़ तोड़ता है। पीछे खड़े चार सिपाहियों की तरफ़ देखता है। चारों आकर उनको पीटना शुरू कर देते हैं। जो सिपाही उनको लाये थे, वे पुलिस जमादार के पीछे खड़े हो जाते हैं। तीनों किसान उट्ठक-बैठक कर रहे हैं। दो की पिटाई हो रही है। वे चिल्ला रहे हैं। पुलिस जमादार रजिस्टर पर आराम से कुछ लिख रहा है]

पुलिस जमादार : शाम तक लगान का पैसा आ जाना चाहिए, वरना ताज की नाफ़रमानी के जुर्म में मौत की सज़ा देने का हुक्म है हमें।

[धीरे-धीरे अँधेरा मगर मंच के दूसरे छोर से प्रवेश लेते हरबोलों पर उसी समय प्रकाश]

दृश्य-16

[हरबोलों का गाते हुए प्रवेश]

हरबोले : *अरे मोरे राम...*
कालौं इनके अत्त की कहिये,
कालौं ऐ कौ करें बखान—
अरे मोरे राम...
बेदर्दी सें मारें-कूटें,
कुरक करें सम्पत्ति मकान—
अरे मोरे राम...
गुस्सा क्रोध में सबरे आ गए,

जब सबके मारे गए मान—
अरे मोरे राम...
थू-थू ऐसे अंग्रेजों पै,
जिनखौं नईंयाँ दु:ख कौ भान—
अरे मोरे राम...
खुद कौ राज चलावे खों,
जे लै डारें दूजे की जान—
अरे मोरे राम...

[गाते-गाते मंच से बाहर जाते हैं। हरबोलों के गायन के दौरान ही अगले दृश्य के पात्र अपनी-अपनी जगह ले लेंगे मंच पर। गायन समाप्त होने पर अँधेरा नहीं होगा। सिर्फ़ रौशनी आएगी-जाएगी]

दृश्य-17

मधुकर का घर

[चारों किसान मधुकर शाह की हवेली की तरफ़ आते हैं— घायल। हाथ-पाँव में पट्टी बाँधे। हवेली के बाहर रास्ते में गाँव के लोगों का रिऐक्शन]

स्त्री-1 : अरे जे तो ठाकुर साब हैं, टूटे-फूटे लग रए?

स्त्री-2 : अरे अपने घंसू दाऊ! जे बी टूटे-फूटे लग रए?

स्त्री-1 : इनके घर में तौ कित्ती लड़ाई हो रई हती रोजई रोज। मौड़ा-मौड़ियों के रोबे की कित्ती आवाजें आत हतीं रात-बिरात। लगान खौं पईसा छौंट गए हैं। सबई परेशान हैं घर के।

स्त्री-2 : अरेऽऽ हाँऽऽ—वौ पुलस जमादार आव तौ है लगान बसूल करबे।

स्त्री-1 : भौतई बेंजड़ है वौ तौ। कौनऊँ खौं कछू समजतई नईंयाँ। मारत है!!

स्त्री-2 : हाँऽऽ, कौनऊँ खौं नईं छोड़त, सबई खौं मारत!

स्त्री-1 : देखो तो मार-मार के हरीरो नीलौ कर दऔ!

[हवेली के दरवाज़े पर कराहते हुए किसान 'ठाकुर साहब', 'ठाकुर साब' आवाज़ें लगाते हैं। मधुकर बाहर आते हैं। किसानों की हालत देखकर हैरान और चिन्तित होते हैं]

मधुकर : का हो गऔ?

किसान-2 : दाऊ साहब, भौतई मारो है जमादार नैं हमखों। पकड़कैं चौकी में लै गए और रात भर मारत रए! लगान खौं पैसा कहाँ से देवैं फसलई नईं भई!

[लगभग रोते हुए]

मधुकर : *(मधुकर सोच में पड़ जाता है। फिर कुछ निर्णय लेकर)* तुम लोगों की व्यवस्था हम करें देत हैं साम तक, तुम हमें बाद में लौटा दियो। उर मिस्टर ओम्मनी खों हम अबईं कड़ौ सन्देसौ भिजवात हैं, कै जौ हम सबकौ अपमान है। एक-दो बार हम पैलें बी जौ अपमान सह चुके हैं, अब और नईं सह सकत।

[राव साहब पीछे खड़े मधुकर और किसानों की बातचीत सुन रहे हैं। धीरे-धीरे आगे आते

हैं। किसान उनके पाँव छूते हैं। किसान कुछ कहने को होते हैं, राव साब उन्हें हाथ के इशारे से चुप रहने के लिए कहते हैं]

राव साहब : सब सुन लओ है हमने! *(थोड़ा कड़ककर)* मधुकर ने तुमाई समस्या को समाधान दे दओ है, अब जाओ। *(वे जाते हैं। मधुकर को लगभग डाँटते हुए)* जौ कैसौ समाधान दओ है तुमनै? जानत हौ, अपने खजाने की का स्थिति है? अकाल बाहर बी पड़ गओ है, और हमाये खजाने पै बी पड़ गओ है। मुनीम के साथ थोड़ी देर बैठ लओ करै, मालूम पड़ जैहै, कितनै पानी में हैं हम? ऐसें समाल हौ जागीरदारी?

मधुकर : *(अति हैरानी के साथ)* हमें तो कछू नहीं बताओ मुनीम दाऊ नै। का हौ गओ? हमाई सादी के समय तो दस गाँवों खौं दो साल तक पालबे की छमता हती अपनी।

राव साहब : अब एक गाँव खौं एक हफ़्ता बी नईं पाल सकत। बड़े-बड़े दिग्गजों की कमर तोड़ दई है जे करिया अकाल नै। ऊपर सें जे अंग्रेज कमिस्नर ओम्मनी ने परेसान कर रखौ है—'कोई रियायत नाहीं होगी टैक्स में—नो मर्सी, नो मर्सी।'

[दुखी मधुकर पास आता है। राव दुखी स्वर में बोलते हैं]

राव साहब : पिछले चार मईना सें हमने बी किस्त नईं चुकाई है। हम सोई तनाव में हैं।

मधुकर : *(हैरान, चिन्तित पास जाकर)* गल्ती हो गई, माफी चाहत हैं। अब हम बी हिसाब देख लव करहैं। आप हिसाब–किताब देख रए हते तौ हमें का जरूरत है हमने ऐंसी सोच लई।

गणेशजू की पत्नी : कमिस्नर ओम्मनी कौ प्राइवेट हरकारौ जा चिट्ठी दै गऔ है।

[दोनों झटके से परेशान हो उसे देखते हैं। राव साहब मधुकर को इशारा करते हैं। मधुकर उससे पत्र लेता है। थोड़ी देर इशारों में मूक अभिनय। पत्र देकर पत्नी चली जाती है। उधर राव साहब तनाव में टहल रहे हैं। मधुकर राव साहब के पास आकर पत्र पढ़कर सुनाता है]

मधुकर : *(पत्र पढ़ते हुए)* श्री राव विजयबहादुर, वल्द श्री सूर्यबहादुर, नारहट, सागर–नर्मदा क्षेत्र, को हम ये सूचित करते हुए खेद प्रकट करते हैं कि बार–बार रिमाइंडर भेजने के बाद भी पिछले तीन माह से भू–राजस्व की किस्त शाही ख़ज़ाने में नहीं पहुँची है। अतः नियमानुसार लगातार चार माह तक किस्त न भरने की स्थिति में, या तो 25 जून तक भू–राजस्व की रक़म 686 रुपया बक़ाया चुका दें अथवा 26 जून को दीवानी अदालत में आकर अपनी सफ़ाई पेश करने का आपको आदेश दिया जाता है। आदेश का उल्लंघन, कई और बुद्धिहीन राजाओं, जागीरदारों की तरह आपको जंगलों में छुपने–भटकने को मजबूर कर सकता है, इसलिए महलों

में रहने की सद्बुद्धि बनाये रखें। या तो कर चुका दें, या 26 जून को 10 बजे सुबह अदालत में हाज़िर हों।

(आदेश एवं सील)

प्रिंसिपल असिस्टेंट कमिश्नर, एम. सी. ओम्मनी

सागर–नर्मदा क्षेत्र

2 जून, 1842

[पत्र समाप्त होने पर मधुकर चिन्ता के साथ राव साब की तरफ़ देखता है। राव साब मधुकर की तरफ़ देखते हैं]

[धीरे-धीरे अन्धकार]

दृश्य–18

राव साहब अपनी पत्नी के साथ

[आधी रात के बाद का समय। राव साहब की नींद उड़ चुकी है। परेशान खिड़की पर खड़े अन्धकार को घूर रहे हैं। पत्नी का प्रवेश]

पत्नी : का हो गऔ है? कोई बताई नईं रऔ है। उतै मधुकर ऊपर–नैंचैं हो रऔ है। बौ गनेस बहू सैं दुनियाँ भर के सवाल कर रऔ है। बहसई नईं खतम हो रई

हती ओकी। इतनी रात खौं गनेसजू खौं पता नईं कहाँ भेज दऔ है मधुकर नै!

[राव साहब चुप]

: जौ का हौ रऔ है, कछू हमें बी तौ बताऔ?

[राव साहब कुछ नहीं बोलते। पत्नी को अनसुना-सा करके सोच में ही डूबे रहते हैं]

: जरूर कमिस्नर की फिर सें चिट्ठी आ गई हुईयै!

[राव साहब झटके से सोच में ही पत्नी पर दृष्टि फेंकते हैं और फिर धीरे-धीरे दर्शकों की तरफ़ आते हैं। पीछे-पीछे पत्नी अपनी सलाह देती हुई]

: आ गई है चिट्ठी?

[राव साहब कुछ नहीं बोलते। धीरे-धीरे चिन्ता में टहलने लगते हैं। पत्नी पीछे-पीछे चलते हुए]

: एक काम काय नईं करत? उनखौं खबर भिजवा देओ, कि छः महीना बाद किस्त दै दैहैं, अबै नईं दै सकत। बस, फुरसत हो लेओ। परेसान से घूम रए। (ज़ोर से) हमें अच्छौ नईं लग रऔ...

[राव साहब घूमते-घूमते रुक जाते हैं। पत्नी की आँखों में आँखें डालकर]

राव साहब : दैनें पड़हैं।

[पत्नी खड़ी रह जाती है।]

पत्नी : अरेऽऽऽ, ऐसें कैसें दैनें परहैं? भरौंही वारे, अपनी मौड़ी खौं देखबे आ रए हैं। उनके स्वागत के लानै गनेस नै राई कौ नाच रखवाव है। आस-पास के सबई जनों खौं बुला लऔ है। खर्चा तो है, मनौ स्वागत तो अच्छौई भऔ चईये उनकौ! नाक कौ सवाल है! खबर भिजवा दो, अबै नईं दै सकत। अब तौ मौड़ी की सादी के बादई इन्तजाम करहैं।

राव साहब : दैनें परहैं। कल आखिरी तारीख है पईसा भरबे की, नईं तौ परसों अदालत में जानै परहै और नै जैंहें तौ बे आदमी भेज दैंहें। बेइज्जती होत है कै नईं?

पत्नी : *(दबे रोष के साथ)* मूड़ काट कें धर देओ अबकें जो बी आय। बड़े आये तकादौ करबे बारे! अगर तुम नईं कर सकत, तौ हमें बताऔ! जौन तुमने बन्दूक मँगाई है, ओसें दूरई सें हम गोली मार दैंहें उनखों। गनेस ने सब समझा दऔ है, कैसें चलात हैं।

[राव साहब हैरान से पत्नी की तरफ़ देखते हैं। पत्नी दृढ़ता से 'हाँ' में सिर हिलाती है]

[झटके से अँधेरा]

दृश्य-19

गणेशजू अपनी पत्नी के साथ

पत्नी : *(गणेशजू को प्यार से समझाते हुए)* भुंसारौ होबे वारौ है, थोड़ी देर सो जाऔ।

गणेशजू : सिर भन्ना रऔ है, अंगरा सौ हो रऔ *(सिर पकड़कर)*

पत्नी : *(एकदम चिन्ता में)* सिर दबा दऐं? *(सिर को छूती है)* अरेऽऽऽ, जौ तौ एकदम गरम है! *(चिन्तित, अस्थिर)* आपने बताऔ काय नईं, ऐं? *(इधर--उधर व्यग्र भागती हुई। कुछ समझ नहीं आया तो पकड़कर खींचते हुए)* आप बैठौ तौ सई *(सिर दबाती है। गणेशजू अनमने ढंग से आधा खिंचता है, फिर रुकता है)* अच्छा, ठीक है, कुर्सी पै तौ बैठ जाओ *(बिठाकर सिर दबाती है। गणेशजू को नहीं सुहाता, उठ जाता है)* हम मटका के ठंडे पानी कौ कपड़ा धरैं देत हैं मूड़ पै, आराम हो जैहै *(मधुकर फिर भी कुर्सी पर नहीं बैठता)*

गणेशजू : *(दृढ़ता से)* हमें नईं धरवानै ठंडौ कपड़ा।

पत्नी : अच्छा, ठीक है, चन्दन घिस देत हैं। थोड़ौ लेप लगा लैहौ तो ठंडक मिल जैहै माथे खौं।

[चन्दन का सामान ढूँढ़ने और लेकर आने का उपक्रम। गणेशजू कुछ नहीं बोलते। अपने ही ध्यान में थोड़ा आगे बढ़ जाते हैं]

गणेशजू : नईं लगवानें लेप।

पत्नी : *(गणेशजू को देखती है और अपना उपक्रम रोक देती है। झटके से पास आती है)* ठीक है *(कहकर साड़ी का पल्लू फाड़ती है। खींचकर मधुकर को फिर से कुर्सी पर बैठाती है)* कस कैं बाँधें देत हैं, आराम मिल जैहै *(सिर को कसके बाँधती है, गणेशजू बँधवा लेता है। बँधने से पहले ही खड़ा हो जाता है)*

: *(पत्नी रो पड़ती है)* तुमें कछू हो जैहे तो का कर हैं हम? इतने ज्यादा परेसान कायखौं हो रऐ हौ? अब

दाऊ नै कै दई है तौ चले जाऔ हमाए घरै। हमाये दद्दा हमाई कौनऊँ बात नईं टारत, हर बात मानत हैं। पूरौ इन्तजाम कर दैहें देख लिऔ, और आपके दद्दा नै बी तो उनके लाने इन्तजाम करौ हतौ, जब बे लगान के लानै परेसान हो रए हते।

[यह सुनते ही गणेशजू फिर उठ जाते हैं, आगे की तरफ़ आते हैं। पत्नी ठगी-सी बैठी रह जाती है। गणेशजू के उठते ही वह तपाक से उठती है, आगे आकर स्नेह से उनका हाथ अपने हाथ में लेकर]

: का सोच रऐ हौ?

गणेशजू : ऐसौ लग रऔ है, जैसेंऽऽ हमनै, तुमाए दद्दा सैं, भीख माँग लई!

[शहनाई का हृदय विदारक सुर]

[धीरे-धीरे अन्धकार]

दृश्य-20

गणेशजू की ससुराल

[गणेशजू की ससुराल का कुर्की दृश्य। गणेशजू घोड़े या ताँगे से गाँव में प्रवेश करता है। गणेशजू स्टेज पर यहाँ-वहाँ लोगों के झुंड। सभी फ्रीज़। गणेश इधर-उधर दृष्टि डालता हुआ थोड़ा हैरान]

गणेशजू : *(विस्मय से)* गाँव में आज इतनी खामोसी काय है? कोई कौनउ सें बातई नईं कर रऔ?

[लोगों के झुंड में घूमता है, परेशान हो जाता है]

: आज का हो गऔ है इतै?

[परेशानी बढ़ती है। जल्दी-जल्दी क़दम बढ़ाता है, उत्तर पाना चाहता है। डाउन स्टेज पर खड़े झुंड के पास आकर]

: का हो गऔ? गाँव में सब चुप काय हैं?

एक ग्रामीण : आपके ससुर की कुर्की हो रई है।

[गणेशजू अवाक् खड़ा रह जाता है। लाइट सिर्फ़ गणेश पर। सोचता हुआ आगे आता है। इसी बीच सभी झुंड भीड़ में बदल जाते हैं। कुर्की वाला घर। पूरी भीड़ दर्शकों की तरफ़ पीठ किये हुए]

गणेशजू : ससुरजी ने बताऔ काय नईं कै परेसानी दूर नईं भई है? हम कहूँ सें बी कछू नै कछू करई देते।

[धीरे-धीरे मंच पर लाइट आती है। पुलिस जमादार पाँच बन्दूक़धारी सिपाहियों के साथ खड़ा, कुर्की किये जा रहे मकान आदि की सूची पढ़कर सुनाता है]

पुलिस जमादार : *(गिनाते हुए)* तुम्हें रहने के लिए एक बाड़ा और गुज़र-बसर के लिए पाँच एकड़ उपजाऊ ज़मीन छोड़ दी है। बाक़ी तुम्हारी दोनों हवेलियाँ, बारातघर, गौशाला और तुम्हारे सभी मवेशियों को बेचकर पिछले पाँच माह का भू-राजस्व वसूल करती है सरकार।

आदेश एवं सील
प्रिंसिपल असिस्टेंट कमिश्नर एम.सी. ओम्मनी
सागर-नर्मदा क्षेत्र

[असिस्टेंट से स्याही का पैड लेता है। पैड खोलता है। पुलिस जमादार पैड से स्टैम्प पर स्याही लगाता है। एक सिपाही की तरफ़ देखता है। सिपाही फुर्ती से आगे बढ़ता है। कुत्ते की तरह पुलिस जमादार के आगे झुक जाता है। पुलिस जमादार उसकी पीठ पर पेपर रखकर ठप्पा (साउंड इफ़ेक्ट) लगाता है। ये सारी कार्यवाही गणेश देखता है]

कोरस गीत : कौना की नजर लागी भारत खौं—
अरे मोरे राम!
कैसे दिन जे आ गए रे—
अरे मोरे राम!
अपमानित कर रये जे गोरे—
अरे मोरे राम!
पग-पग मान घटारये हैं—
अरे मोरे राम!

[धीरे-धीरे अन्धकार]

दृश्य–21

[मधुकर सोए नहीं हैं। टहलते-टहलते बैठ जाते हैं। बैकग्राउंड म्यूज़िक। कोई भी सोया नहीं है, सब बैठे हैं। राव साहब टहल रहे हैं। गणेश के आते ही सब हरकत में आ जाते हैं। उसे लगभग सभी घेर लेते हैं। उसे कुछ समझ में नहीं आता, कैसे बताए। वह झिझकते हुए मधुकर को ऊपर की ओर ले जाता है। म्यूज़िक। कुछ देर माईम में समझाता है पूरा दृश्य। यह समझ जाने के बाद मधुकर आख़िर में दूर खड़ी अपनी माँ की तरफ़ देखते हैं। उनके पास जाते हैं— पास पहुँचते ही हैं कि राव साहब आवाज़ देते हैं]

राव साहब : का बात है मधुकर?

मधुकर : *(उनकी तरफ़ कुछ सोच की मुद्रा में देखते हैं। फिर समझदारी के साथ)* कल अदालत जानै परहै पिताजी!

[सब अवाक्]

[धीरे-धीरे अन्धकार]

दृश्य–22

अदालत का दृश्य

[मधुकर अदालत की कार्यवाही देख रहे हैं। अंग्रेज़ जज अपनी कुर्सी पर बैठा हुआ है और कठघरे में एक बड़ा किसान खड़ा है]

सरकारी वकील : हुजूर, इसके बाड़े और पाँच एकड़ की कुर्की छोड़ दी गई थी, यह सोच कर कि इसका परिवार बड़ा है, बाल-बच्चों का भरण-पोषण कैसे करेगा? इसने वादा भी किया था कि अगर ज़रूरत पड़ी तो अपनी

पत्नी, बहू-बेटियों के गहने तक बेच देगा और तीन माह में टैक्स चुका देगा। अब तीन माह होने पर यह कहता है *(उसकी नक़ल करते हुए)*— 'हमखौं कौनउँ बी सजा दै दो, हमखौं सूली पै चड़ा दो, मनौ हम अपनी बहू-बेटियों के गहने बेंच कें, उनकौ गरौ नंगौ नईं कर सकत।' इस पर आठ महीने का टैक्स बकाया है माई लॉर्ड!

जज : *(किसान की तरफ़ देखता है। छोटा-सा वक्फ़ा)* टू ईयर्स आटा-चक्की जेल।

सरकारी वकील : *(फ़ुर्ती से)* दो साल के लिए आटा-चक्की पै बामशक्कत जेल।

[जज ऊँचा हाथ उठाकर ठप्पा लगाता है। ठप्पा लगाते ही पास में खड़े चार-पाँच सिपाही झपट्टा मारकर किसान को पकड़, खींचकर ले जाते हैं। कोर्ट में उपस्थित राव साहब, मधुकर और गणेश सारी कार्यवाही देखते हैं। तभी आवाज़ लगने वाला ऊँची आवाज़ में टेर लगाता है]

आवाज़ लगाने वाला : *(ऊँची आवाज़ में)* मालगुज़ार राजाराम बनियाँ वल्द दशरथ प्रसाद बनियाँ, बण्डा तहसील के धानकपुर गाँव के निवासी हाज़िर होंऽऽऽ...!

[राजाराम को पुलिस वाले लाते हैं और कठघरे में खड़ा करते हैं]

सरकारी वकील : महुआ व्यापारी, राजा के नाम से प्रसिद्ध। सौ एकड़ ज़मीन का मालिक। एक महीनें में 800 चाँदी के

कल्दार की बड़ी आमदनी, मगर तीन सौ रुपये महीने का टैक्स देने से बचता रहा। हर बार 'अगले महीने दूँगा—अगले महीने दूँगा' का वादा करते-करते इसके ऊपर आठ माह का टैक्स चढ़ गया है हुज़ूर। बड़ी मुश्किल से हाथ आया है। कमिश्नर के व्यक्तिगत पत्र की भी अनदेखी की। दो बार कोर्ट के बुलावे पर भी नहीं आया।

जज : ताज का इन्सल्ट? वन ईयर जेल। पचास एकड़ ज़मीन की जाप्टी। *(ठप्पा)*

[पुलिस वाले झपट्टे से राजाराम को खींच कर ले जाते हैं। राजाराम चीख़ रहा है।]

राजाराम : *(चीख़कर)* जे हमाये साथ जादती है जज साब! एक मौका और दै दो! बस, एक मौका! हमाये मोड़ी-मोड़ा रूल जैहें हमाये बिना!...सुन तो लेओ हमाई...*(फफक-फफककर रोता है)*

[पुलिस वाले उठाकर ले जाते हैं। राजाराम के रुदन के दौरान ही आवाज़ लगाने वाला ऊँची आवाज़ में टेर लगाता है]

आवाज़ लगाने वाला : राव विजयबहादुर शाह वल्द सूर्यबहादुर शाह, ग्राम नारहट, सागर-नर्मदा क्षेत्र, हाज़िर हों...!

सरकारी वकील : दस गाँव के रुतबे वाले जागीरदार। 1400 चाँदी के कल्दार की शानदार बड़ी आमदनी। मगर 325 रुपये माह का टैक्स चुकाने में इनको पसीने छूटते हैं। अपने रुतबे, अपने मान-सम्मान का ख़याल इनको होता, तो अपने सर पर बक़ाया नहीं रखते।

प्रिंसिपल असिस्टेंट कमिश्नर मि. एम.सी. ओम्मनी ने सिफ़ारिश भेजी है कि यदि राव विजयबहादुर एक या दो माह में बक़ाया टैक्स शाही ख़ज़ाने में जमा करने का वचन दें और दोबारा ऐसी स्थिति न आने का पक्के तौर पर वादा करें, तो ही उनके साथ रियायत बरती जाए, वरना उनके मान-सम्मान को गन्दी नाली में फेंक दिया जाए।

[झटके से मधुकर उठते हैं। उनसे बर्दाश्त नहीं हो रहा है। राव साहब उन्हें बिठाते हैं। पढ़ने वाला सरकारी वकील रुककर उनकी तरफ़ देखता है। 'अरे वाह!' की प्रतिक्रिया देकर]

सरकारी वकील : राव विजयबहादुर, कठघरे में हाज़िर हों! हाथ जोड़ें, नतमस्तक हों और अदालत के सामने अपना वादा दर्ज कराएँ। *(बदतमीज़ी से)* चलिए राव विजयबहादुर, चलिए।

[राव विजयबहादुर बमुश्किल खड़े होते हैं। गणेश और मधुकर को एक तरफ़ ले जाकर]

राव साहब : कौनउँ बी कदम उठावे सें पैलें अपनी माँ, बहू और बच्चों खौं मत भूलियो। भौतई जल्लाद हैं जे लोग। आग तौ हमाये खून में भी लगी है। अबै सांत होकें बैठौ, बाद में देखहैं।

[सिपाही राव साहब की तरफ़ आते हैं। राव साहब को कठघरे में ले जाते हैं। पिता को कठघरे में देखकर मधुकर-गणेश की आँखों में ख़ून उतर आता है]

राव साहब : *(हाथ जोड़कर)* मैं राव विजयबहादुर शाह वल्द सूर्यबहादुर शाह वादा करता हूँ कि दो महीने के भीतर बक़ाया चुका दूँगा।

[सब ख़ामोशी से जज साहब की प्रतिक्रिया की प्रतीक्षा करते हैं। एक वक़्फ़े के बाद जज हाथ के इशारे से कुछ कहता है। लोग, ख़ास तौर से सरकारी वकील, समझने की कोशिश करता है, लेकिन नहीं समझ पाता। प्रश्नवाचक दृष्टि से जज को देखता है। एक वक़्फ़े के बाद]

जज : हैड डाऽऽऽऽउन, नाटमास्टक!

[राव साहब हाथ जोड़े बहुत भारी मन से नतमस्तक होते हैं]

वकील : बोलो, मैं राव विजयबहादुर

राव साहब : *(नतमस्तक हाथ जोड़े)* मैं राव विजयबहादुर

वकील : वादा करता हूँ

राव साहब : वादा करता हूँ

वकील : दो माह में बक़ाया चुका दूँगा।

राव साहब : दो माह में बक़ाया चुका दूँगा।

[जज शीऽऽऽ की आवाज़ निकालकर वकील का ध्यान अपनी ओर खींचता है और जब वकील उसकी तरफ़ देखता है तो हाथ के इशारे से राव का सर दबाकर और नीचे करने के लिए कहता है। वकील, राव का सर अपने हाथ से और नीचे करता है बदतमीज़ी से और कहता है]

वकील : नहीं तो मेरी सम्पत्ति कुर्क कर ली जावे।

राव साहब : नहीं तो मेरी सम्पत्ति कुर्क कर ली जावे।

[शहनाई की आवाज़। गणेश मधुकर के गले लगकर फफक-फफककर रोता है]

[अन्धकार]

दृश्य-23

नट-नटी

नट : देश की जनता का शोषण इसी प्रकार बदस्तूर चलता रहा।

नटी : इस कारण लोगों में उनके प्रति नफ़रत और गहरी होती गई।

नट : राव साहब ने बहुत कोशिश की, कि बेटी को देखने आनेवालों का कार्यक्रम रद्द हो जाए...।

नटी : मगर पत्नी के आगे उनकी एक न चली। उन्हें भर्रोही के केलगुँआ वालों को बुलाना ही पड़ा और उनके स्वागत के लिए झुकनियाँ का नृत्य रखना ही पड़ा।

[दृश्यान्त]

[टिप्पणी : मधुकर के एक या दो स्वप्न-दृश्य— मन:स्थिति के अनुसार]

दृश्य–24

[राव साहब की हवेली में भरोंही के केलगुँआ वाले और आसपास के प्रतिष्ठित मेहमानों की मौजूदगी में झुकनियाँ का 'राई नृत्य' चल रहा है। सभी पुरुष पात्रों का जमघट। ख़ास मेहमान आगे कुर्सियों पर, और बाक़ी एक–दो के झुंड में पीछे फैले हैं। मेहमानों की आव–भगत में महुआ शराब और शर्बत, पान आदि की थालियाँ घूम रही हैं। नृत्य गति पकड़ता हुआ पूरे शबाब पर पहुँचता है]

राई गीत : गोरी घुँघटा नै डार–2
हम तो चुनरिया सें चीन गए...
गोरी नैना नै मार–2
भर कें दुनाली चाहे मार दे
कजरा नै लगाओ–2
ऊँसई तो नैना कटीले
तोरे नैनों की मार–2
हम पे सही नै जैहै
तो पे लाखों मरे–2
तू नै मरी रे बेला काउ पै।

[तभी दर्शकों के बीच से होता हुआ अंग्रेज़ अफ़सर कैप्टन राल्फ़, अपने पुलिस जमादार और बन्दूकधारी सिपाहियों के साथ स्टेज पर आता है। नृत्य रुक जाता है। सभी स्तब्ध से खड़े हो जाते हैं। अंग्रेज़ अफ़सर को सबसे ऊँची जगह पर कुर्सी पर बिठाया जाता है]

पुलिस जमादार : बाक़ी कुर्सियाँ हटाओ।

मधुकर : *(जमादार से)* ये हमारे ख़ास मेहमान हैं खनियाँधाना से आए हैं।

जमादार : अबे कहाँ का ख़नियाँधाना, बनियाधाना! हटाओ ये कुर्सी यहाँ से।

[कुर्सियाँ हटा दी जाती हैं। सभी प्रतिष्ठित व्यक्ति अब खड़े हैं। मधुकर से]

: ऐ मधुकर, इधर! *(अक्खड़ता और एहसान दिखाता हुआ अपने पास बुलाता है—एक तरफ़ ले जाकर)* अफ़सर साब अपने कैम्प जा रहे थे। इस इलाक़े से गुज़रे तोऽऽ पता चला कि मधुकर के यहाँ पैऽऽ 'राई' का धमाल चल रहा है। इन्होंने पूछा कि 'राई नाच' क्याऽऽ है? मैंने बताया, तो कहने लगे—'हमको डिखाओ, हमको डिखाओ!' इऽऽस लिए हम यऽहाँऽऽ आ गए। शराब का इन्तज़ाम है न?

मधुकर : महुआ...

[मधुकर और पुलिस जमादार पर फ़ुल लाइट। बाक़ी जगह डिम है]

पुलिस जमादार : *(वहीं से आवाज़ देकर)* महुआ चलेगी न हुज़ूर?

अफ़सर राल्फ़ : *(प्रश्न भरी नज़रों से)* ओके, विल डू। टेस्ट करेगा। डांस स्टार्ट।

गीत : गेंदा जैसौ फूल-2
कब लों खिले रैहो राजा...
मन हो रए अधीर-2
कब आकें मिलहौ राजा...

मोसें देखे नै जाएँ–2

मायके कै छैला छबीले...

[फुल लाइट आती है। एक वक़्फ़ा। पिछली तेज़ गति में ही नृत्य एकदम फिर शुरू होता है। फ़ुल हाईप। अफ़सर की आवभगत। महुआ का एक पैग ही भारी पड़ गया है]

अफ़सर : *(थोड़ा लटकते हुए)* हाऽऽ, हाऽऽ...

[महुआ की बदबू से छुटकारा पाने की कोशिश कर रहा है। ज़ोर से खाँसी आती है। पुलिस जमादार ज़ोर से चिल्लाकर नृत्य को रोकता है]

पुलिस जमादार : ऐ, डांस रोको। *(डांस रुक जाता है)*

[सब हैरान]

अफ़सर राल्फ़ : बौडबू, बौडबू...!

[पुलिस जमादार समझ नहीं पाता]

अफ़सर राल्फ़ : *(फिर से)* बौडबू, बौडबू! *(ज़ोर देकर)* *(झल्लाकर)* स्मैल!

[पुलिस जमादार फिर भी नहीं समझता]

पुलिस जमादार : व्हॉट सर?

अफ़सर राल्फ़ : महुआ का गंड आ रहा है—माउथ से ईडियट। उल्टा भी आ रहा है।

[बहुत ज़ोर-ज़ोर से गले से 'हौ...हौ' की आवाज़ निकालता है]

उल्टा आ रहा है, उल्टा! डू समथिंग यू डंकी!

पुलिस जमादार : *(न समझते हुए)* उल्टा?

अफ़सर राल्फ़ : यस, उल्टा। यू डोंट नो उल्टा? उल्टा मीन्स वॉमेटिंग। महुआ का गंड।

पुलिस जमादार : अच्छा, अच्छा, उल्टी? *(खड़ा हो जाता है, जैसे कुछ हुआ ही न हो)* सॉरी सर, सॉरी! ऐ, मधुकर, खुशबू वाला मीठा पान लाओ, सर के लिए। फ़ौरन! हरिअप्प!

[पान की थाली लाई जाती है। पान खाता है। सब देख रहे हैं, अफ़सर थोड़ा चैन में आता है। पुलिस जमादार पूछता है]

पुलिस जमादार : ओके है सर? डांस स्टार्ट?

अफ़सर राल्फ़ : यऽऽस। स्टार्ट।

गीत : खोले नै किबार-2
भीतर कोयलिया-सी बोल रई
मकरी कैसे जाल-2
हमई पे राजा डारबे।

[डांस फिर शुरू होता है। अफ़सर राल्फ़ एक और पान की फ़रमाइश करता है। पान लाया जाता है। वह एक की जगह दो खाता है। गले में सुपारी का फंदा लगता है। अफ़सर राल्फ़ खाँसता है। पुलिस जमादार एक बार फिर नृत्य रोकता है]

पुलिस जमादार : ऐ, रुको! सर के गले में फंदास लग गई है, पानी लाओ। जल्दी!

अफ़सर राल्फ़ : *(तुरन्त)* नोऽ वाटर। गैट मी वन मीठा पाट्टा।

पुलिस जमादार : मीठा पाट्टा?

अफ़सर राल्फ़ : मीठा पाट्टा। मीठा पान। आईऽऽ, रियली लाइक्ड इट।

[जल्दी से मीठे पान की थाली आती है। पान खाता है]

: इट टेस्ट्स रियली वंडरफुल *(ऑर्डर करता है)* स्टार्ट।

[नाच फिर शुरू हो जाता है। अच्छी गति पकड़ता है। अफ़सर राल्फ़ इन्ज्वॉय करता है]

गीत : राजा धोका ने खाऔ–2
धुतिया के रंग आज बदल गए।

अफ़सर राल्फ़ : *(अचानक शराब के नशे में आने पर कुर्सी से उठकर नीचे झुकनियाँ के पास आता है। उसके हाथ पकड़ना चाहता है मगर लय की तेज़ गति के कारण बार-बार झुकनियाँ का हाथ फिसल जाता है। फिर वो अफ़सर झुकनियाँ को पकड़ना चाहता है मगर झुकनियाँ लय का सहारा लेकर हर बार अफ़सर के हाथ से निकल जाती है। ये चोर-सिपाही का खेल कई तरह से चलता रहता है। झुकनियाँ को रिझाने के लिए अफ़सर उसके जैसे डांस स्टैप्स करने की कोशिश भी करता है मगर झुकनियाँ बार-बार उसके हाथ से फिसल जाती है। अन्त में ख़ूब परेशान होकर ख़ूब झल्लाकर)* स्टॉप!

[झुकनियाँ रुक जाती है। मधुकर झटके से आगे आकर थोड़ा कड़क...]

मधुकर : हो क्या रहा है, ये? *(ग़ुस्सा)*

अफ़सर राल्फ़ : *(क्रोध से)* हू इज़ ही? *(पुलिस जमादार चुप)* आई ऐम आस्किंग—हू इज़ ही?

पुलिस जमादार : सर, ये नारहट का नया जागीरदार...।

अफ़सर राल्फ़ : *(हैरानी से)* ही इज़ रिऐक्टिंग? ओ माई गॉड! *(हँसता है)* मेरे ऊपरऽऽ रिऐक्ट करता है? ओ.के. ऽऽ! *(ऑर्डर देता है)* इस डांसर को मेरे कैम्प में ले चलो। मैं वहीं डांस डेकेगा। *(कहते हुए आगे आता है)*।

[तभी पीछे से मधुकर की तेज़ आवाज़ आती है]

मधुकर : *(तैश में)* ये कैसे हो सकता है?

अफ़सर राल्फ़ : *(चलते-चलते रुक जाता है। ठंडे स्वर में आदेश देता है)* जो रास्टा रोके, उसे गोली मार डो।

[ऑर्डर सुनते ही पाँचों सिपाही मधुकर आदि की तरफ़ बन्दूक़ तान देते हैं। सभी लाचार। पुलिस जमादार झुकनियाँ को बदतमीज़ी से आगे की ओर ठेलते हुए]

पुलिस जमादार : ऐ, चलो!

[अपने साथ ऑडिटोरियम से बाहर ले जाने लगता है। झुकनियाँ चीख़ मारकर, हाथ छुड़ाकर, मधुकर के पाँवों में गिर पड़ती है]

झुकनियाँ : हमें नै जान दो ठाकुर साब!...आपके पाँव परत हैं!...जे गोरे लोग भौतई जल्लाद होत हैं।

[तभी पुलिस जमादार उसे हाथ पकड़कर ज़ोर से खींचता है। वह दर्द से चीख़ती है। रोते हुए]

: इनसें कछु कै तो देव ठाकुर साहब...हमाये लानें तो आपई हमाये माई-बाप हौ!

गणेशजू : ठीक है, रोबौ बन्द करौं। हम बात करत हैं। *(गणेश ऑफ़िसर के पास आकर)* सर, अगर हमसें कछु गलती हो गई होए तौ सबकी तरप सें मैं आपसें माफी माँगता हूँ।

अफ़सर राल्फ़ : *(नफ़रत से)* पाहले रिऐक्ट कारटा है, फिर माफ़ी माँगटा है? *(लात मारकर गिराता है। सब हैरानी से गणेशजू और ऑफ़िसर को देखते हैं। गरजते हुए)* खींचके लेकार आओ, इसको।

[पुलिस जमादार खींचता है! वह खिंचती, चीख़ती, रोती हृदय विदारक ढंग से गिड़गिड़ाती है मगर जमादार दो सिपाहियों की मदद से उसे लगभग घसीटते हुए ऑडिटोरियम से बाहर ले जाता है]

मधुकर : *(बुरी तरह से आहत)* पानी सिर सें ऊपर होत जा रऔ है। ऐंसी नै पता हती हमें। बरदास्त नईं हो पा रऔ है। गणेश, राजधर खौं बुलाव फौरन। खत और फरमान लेंकें आ जाएँ।

गणेश : *(आगे खड़े दूसरे व्यक्ति को)* राजधर दाऊ खौं लुआ लैआव, जल्दी सें—ख़त और फ़रमान लैकें।

[व्यक्ति तुरन्त बाहर निकल जाता है]

मधुकर : उनखों सन्देसौ भेजें देत हैं कि हम भले ही उनके संरछन में हैं, मगर प्रतिष्ठा हमाई भी है। हम बुन्देला

हैं, और आपके इस कृत्य की भर्त्सना करत हैं। हमारी नर्तकी खौं, बाइज्जत वापिस भेज दीजिए, वर्नाऽऽऽ...

[इस बीच राजधर .फ़रमान लेकर आ जाता है। राजधर लिखता है]

राजधर : नर्तकी को बाइज़्ज़त वापस भेज दीजिए वरना...

[मधुकर गणेश की तरफ़ देखते हैं। गणेश मधुकर की तरफ़...]

मधुकर : वरना हमें ज़बरदस्ती उठाकर लाना भी आता है।

राजधर : *(लिखता है)* हमें ज़बरदस्ती उठाकर लाना भी आता है। पूर्ण विराम, ख़त पर सील?—श्री राव विजयबहादुर शाह... ?

मधुकर : नहींऽऽऽ, मधुकर शाह बुन्देला। पिताजी खौं मुसीबत में नै डारहैं। जे फरमान अभ्भईं लैकें जाव, उस अंग्रेज के पास। नाराहट के क़िले में डेरा है, उसकौ। पीछें-पीछें हम बी अपनी टोली लैकें आ रये हैं, अगर जरूरत परी तौ।

[राजधर .फ़रमान लपेटता हुआ बाहर निकल जाता है। सभी मधुकर को देख रहे हैं। मधुकर उन्हें हाथ से इशारा करके, अपने पास बुलाते हैं। सब उन्हें घेर लेते हैं। मधुकर उन्हें रहस्यमय ढंग से समझा रहे हैं]

[धीरे-धीरे अँधेरा]

दृश्य–25

कैम्प का दृश्य

[एक टैंट बीचोंबीच ऊपर की तरफ़। टैंट के बाहर टेबल–कुर्सी पर अफ़सर राल्फ़ शराब के घूँट ले रहा है। खूब नशे में है। नीचे दाहिनी तरफ़ झुकनियाँ खड़ी सिसक रही है। पुलिस जमादार अफ़सर राल्फ़ के नज़दीक जाकर कुछ कहता है]

अफ़सर क्लार्क : *(नशे में ज़ोर देकर दृढ़ता से)* नो। शी हैज़ टु डांस। नाचना पाड़ेगा।

[पुलिस जमादार वहीं से झुकनियाँ की तरफ़ देखता है। फिर उसके पास जाता है। समझाता है]

झुकनियाँ : *(रोते हुए)* ढुलकिया के बिना हम कैसें नचहैं? कोई ढोलक बजावे वारौ बी तो भऔ चैए के नईं? इत्ती जोर सैं खैंचौ है कै पाँव बी मोच गवहै हमाऔ। *(दृढ़ता से)* हम नईं नच सकत बिना ताल के।

अफ़सर राल्फ़ : *(उसको क्रोध से देखता है)* टाँग टोड़ डो ईसका। ये भी उसी फ़ैमिली का है—'बुंडेलाऽऽ' द नट्स, डिफ़िकल्ट टु क्रैक। मेक हर हैंडीकैप्ट फ़ॉर लाइफ़ लौंग। *(नशे में)* नाच बंड ऑटोमेटिकली। हमारे ऑर्डर का नाफ़रमानी करटा है। ब्रिंग हर हियर। यू बास्टर्ड। ब्लडी इंडियंस...

[झुकनियाँ डर जाती है। बिना ताल के ही नाचना शुरू कर देती है। बेताल भी,

लंगड़ाहट भी। अफ़सर राल्फ़ और नाराज़ हो जाता है]

: यू ब्लडी फ़ूल्स! *(गिलास फेंक देता है गुस्से में)*

पुलिस जमादार : *(ज़ोर से)* सर, एक काम हो सकता है। *(अफ़सर राल्फ़ उसकी तरफ़ देखता है)* वो जो आपका अंग्रेज़ी बाजे का धुन है न—जो कल बज रहा था, शाम के जश्न से पहले, वो चला देते हैं। ये उस पर डांस कर देगी। *(चापलूसी के साथ हँसता है)*

अफ़सर राल्फ़ : *(नशे में)* डू इट...डोंट शो यूअर फ़िल्दी टीथ...

[पुलिस जमादार हँसते-हँसते रुकता है। दौड़ के अन्दर जाता है, ऑन करता है। अंग्रेज़ी ड्रम और धुन बजती है। फिर दौड़ के झुकनियाँ के पास जाता है। उसे मनाता है। वह धीरे-धीरे उस धुन पर अटपटा डांस करती है। थोड़ी लंगड़ाहट। ड्रम धीरे-धीरे गति पकड़ते हैं। वॉल्यूम बढ़ता है। अफ़सर उसके घटिया से डांस स्टैप्स अपनी प्रिय अंग्रेज़ी धुन पर झटके से देखता है। नफ़रत के साथ उठता है, ऐसे कि अभी जान से मार देगा]

गिव मी माई पिस्टल...!

[आगे बढ़ता ही है कि अफ़सर राल्फ़ का अर्दली आ जाता है और ज़ोर से चिल्लाकर बोलता है]

अर्दली : *(चिल्लाकर)* हुज़ूर, गुस्ताख़ी माफ़! इस वक़्त आपको डिस्टर्ब किया।

[पुलिस जमादार टेप बन्द करने जाता है]

(अर्दली कहता है) बहुत अर्जेन्ट है—लाइफ़ एंड डैथ का सवाल है। पढ़ने में देर हो जाएगी तो बहुत भारी नुक़सान हो जाएगा।

[सन्नाटा]

अफ़सर राल्फ़ : किधर से आया है?

अर्दली : नहीं बताता सर! कहता है, आपको ही बताएगा।

अफ़सर राल्फ़ : *(नशे में धुत्त)* ब्रिंग हिम हियर... !

[अर्दली भागकर जाता है। अफ़सर राल्फ़ कुर्सी पर बैठने के लिए जाता है कि नशे के कारण लड़खड़ाकर गिरने लगता है, तभी पुलिस जमादार सम्हाल लेता है और कुर्सी पर ले जाकर बिठाता है। राजधर का फ़रमान के साथ प्रवेश]

राजधर : हुज़ूर को सन्देशवाहक सलाहकार राजधर का प्रणाम!

अफ़सर राल्फ़ : किसने भेजा?

राजधर : नारहट के जागीरदार मधुकर शाह बुन्देला ने।

[मधुकर का नाम सुनते ही अफ़सर राल्फ़ चौकन्ना हो जाता है और नफ़रत से भर उठता है]

अफ़सर राल्फ़ : *(नफ़रत से राजधर को ऑर्डर देते हुए)* सिट ऑन यूअर नीज़!

[राजधर समझ नहीं पाता। पुलिस जमादार की ओर देखता है। पुलिस जमादार भी न समझते हुए अफ़सर राल्फ़ की तरफ़ देखता है]

घुटने पर बइठोऽऽऽ। *(राजधर समझ जाता है)*

राजधर : जी, हुज़ूर... *(घुटनों पर बैठता है)*

[पीछे सिल्विट में मधुकर के साथ टोली छिपी हुई है। वह उठकर अपना चेहरा दर्शकों को दिखाती है, फिर बैठ जाती है]

अफ़सर राल्फ़ : अब पढ़ो!

राजधर : जी, हुज़ूर! *(पढ़ता है)* अफ़सर साहब को हमारा प्रणाम। हम नारहट के सभी बुन्देलवासी आपको ये महत्त्वपूर्ण सन्देश देना चाहते हैं कि भले ही हम आपके संरक्षण में हैं, मगर प्रतिष्ठा हमारी भी है। हम बुन्देला हैं और आप भली भाँति जानते हैं कि आन-बान और शान हम बुन्देलों की ख़ास पहचान है। हमारे सम्मान में नृत्य करती झुकनियाँ को हमारे ही सामने उठाकर ले जाना ऐसा कृत्य है जिसकी हम भर्त्सना करते हैं। झुकनियाँ को हमारे सलाहकार सन्देशवाहक राजधर के साथ बाइज़्ज़त वापस भेज दीजिए—वरनाऽऽऽ ज़बरदस्ती उठाकर ले जाना हमें भी आता है।

बादस्तख़त—मधुकर शाह बुन्देला
जागीरदार, नारहट

अफ़सर राल्फ़ : वॉर्निंग? दि ग्रेटैस्ट इंग्लिश ऐम्पायर को वॉर्निंग? हा-हा-हा! *(हँसता है)* ब्लडी फ़ूल्स!...हा-हा-हा! *(हँसता है और फिर राजधर को लात मारकर नीचे गिराता है)* गो फ्रॉम हियर! यू, गंडी नाली का कीड़ा, ब्लडी बुन्डेला...! *(एक बार फिर मधुकर की टोली दिखती है, ग़ायब हो जाती है)* उस मढूकर को जाके बोल डो—नाच देखने काऽऽ ऐटना ही शौक हयऽऽ तो अपनीऽऽऽ माँ को नाचाओऽऽ... अपनाऽऽऽ वाइफ़ को नाचाओ... ब्लडी फ़ूल्स!

[अफ़सर राल्फ़ की रिकॉर्डेड आवाज़ 'अपनाऽऽ माँऽऽ को नाचाओ...अपनाऽऽऽ वाइफ़ को नाचाओऽऽ...!' इस आवाज़ के साथ ही सब फ्रीज़। ब्लू लाइट सिर्फ़ मधुकर पर। वह तलवार के साथ धीरे-धीरे प्रकट होता है, फिर स्टेज फ्रंट पर आता है। अफ़सर की आवाज़ रिपीट होती जाती है]

तलवार के साथ मधुकर का वीर-नृत्य। क्रोध की पराकाष्ठा।

अफ़सर राल्फ़ की रिकॉर्डेड आवाज़ और लाइव नगाड़े की ताल पर नृत्य साथ-साथ चलता है। गति बढ़ती है। रिकॉर्डेड आवाज़ रुकती है।

कोरस के द्वारा आल्हा के युद्ध-दोहे नगाड़े की ताल पर वीर-नृत्य को चरम तक ले जाते हैं]

युद्ध-गीत : बीर बुन्देला जब गुस्साने,
तलवारों में आ गई जान,
नै मरबे खों डरा रये जे,
नै चूकें लैबे सें प्राण।
गरमा परौ खून बुन्देली,
नस-नस मैं ले रऔ उफान,
धरती माँ की लाज बचावे युद्ध खौं दौर परे जवान।

[मधुकर नृत्य करते-करते अफ़सर राल्फ़ के पास पोज़ीशन लेता है। नृत्य जारी।

ब्लू लाइट जाती है, नॉर्मल लाइट आती है। सबका फ्रीज़ टूटता है]

अफ़सर राल्फ़ : ब्लडी बुंडेला!

[और अगले ही क्षण नृत्य की अन्तिम ताल पर मधुकर अफ़सर राल्फ़ की गर्दन पर वार करता है।

वार और अन्तिम ताल की थाप के साथ लाइट्स ऑफ़। सिल्विट। अफ़सर राल्फ़ की लम्बी आहऽऽऽ के साथ शोर।

मधुकर की टोली तलवारों के साथ प्रकट होती है।

इधर-उधर से दौड़ते, शोर मचाते हुए आते लोग 'जय भवानी' का जयकार

करते और शंख-ध्वनि के साथ सिपाहियों को मारने-काटने लगते हैं।

सिल्विट पर सिपाही और टोली की लड़ाई होती है। मधुकर ज़ोर से 'जय भवानी' का नारा देते हैं दो बार। सब दोहराते हैं— 'जय भवानी'। पुलिस जमादार को भागते हुए दिखाते हैं। सिपाही कटकर गिरते हुए]

मधुकर : *(बुलन्द आवाज़ में)* अंग्रेज़ी शासन—

समवेत् स्वर : मुर्दाबाद!

मधुकर : अंग्रेज़ी शासन—

समवेत् स्वर : मुर्दाबाद!

मधुकर : *(और बुलन्द आवाज़ में)* अंग्रेज़ी शासन—

सब : मुर्दाबाद!

मधुकर : बुन्देलखण्ड—

सब : ज़िन्दाबाद।

मधुकर : *(और अधिक बुलन्दी से)* बुन्देऽऽऽलखण्ड—

सब : *(खूब ज़ोर से)* ज़िन्दाबाद!

मधुकर : आज के बाद अंग्रेज़ी शासनऽऽऽ धिक्काऽऽर है—

सब : धिक्काऽऽर है!

आल्हा-दोहे : लाल भई मधुकर की आँखें
करौं मैंदना लालम लाल
एक तरफ़ बन्दूकें धड़-धड़
एक तरफ़ तरवारें-ढाल
अब नईं सैनैं...
अंग्रेज़ों खौं खूब खदेड़ौ,

पकर-पकर कैं खैंची खाल।
अब नईं सैनैं
कइयक तो दहसत सैं मर गए,
भय सैं भए गोरे बेहाल,
अब नईं सैनैं अत्याचार...

[धीरे-धीरे अँधेरा]

दृश्य-26

राव साहब की हवेली

[परिवार के सभी सदस्य मौजूद। स्त्रियाँ भी। तनावपूर्ण वातावरण। राव साहब गहरी सोच में। भारी क़दमों से दायें से बायें, बायें से दायें चलते हुए—मधुकर की प्रतीक्षा में]

राव साहब : *(चिन्ता में)* जादाँ देर हो गई। अबै तक तौ आ जाव चैए!

गणेश : पूरी टोली है मधुकर दाऊ के साथ। घबराबे की कौनऊँ बात नैयाँ। उर चन्द्रपुर कौ रस्ता पथरीलौ बी है। हो सकत है, चन्द्रपुर के ठाकुर जबाहरसिंह साथ मेंईं आ रए होंऐं!

राजधर : गूढ़ा के ठाकुर विक्रमजीत सिंह तौ इतै के लानै निकर बी चुके हैं। खबर आ गई है।

गणेश : अच्छी बात जे है कैऽ सबनै हामी भरी है आबे के लानै। कौनऊँ नै डर नईं दिखाऔ। सबैनै तलवारें

खैंच लईं, जब मधुकर दाऊ ने अंग्रेजों की सारी बातें खोल-खोल कैं बताईं।

[इतने में एक-एक करके गाँव के लोग हाथ में तलवारें लिये आते हैं]

गाँव के लोग : दाऊ परनाम, दद्दा पायलागूँ!

[अभिवादन करके गाँव के लोग बैठ जाते हैं। उधर माँ सहित घर की स्त्रियाँ, अन्य बाहर से आई स्त्रियों के साथ दो ग्रुप में पीछे के दोनों कोनों में खड़ी हो जाती हैं। सब आधे घूँघट में]

राव साहब : *(राजधर से)* गाँव के बाहर हमाई चौकसी ठीक-ठाक हो गई? डर की कौनऊ बात तौ नईंयाँ? अंग्रेज चुप तौ बैठे हैं नें। किसी भी बखत धावा बोल देंहें, देख लियो। ऊ बखत का करहो?

राजधर : अट्ठाईस जवान लड़का लगा दए हैं पूरे गाँव की मुंडेर पै। सबके हाथों में कैम्प सें लूटे गए हथियार हैं। सो, डर की कौनऊँ बात नईंआँ।

राव साहब : अगर बड़ी फ़ौज लैकें आ गए तौ? कछू इन्तजाम करकें रखौ है?

[इतने में घोड़ों की टापों की आवाज़ें आती हैं। सब सतर्क हो जाते हैं]

राजधर : चोर रस्ता सें घुसहैं,
पाताली सुरंग मैं पोंच जैहें।

एक मिनट में गायब।
और उतै सें सीदे चन्द्रपुर के जंगल में।
अंग्रेजों के बाप बी नईं ढूँड़ सकत।

[मधुकर का जवाहरसिंह और कुछ लोगों के साथ प्रवेश]

मधुकर : *(गाँव वालों से मुख़ातिब)* ये चन्द्रपुर के ठाकुर जवाहरसिंह हैं। चन्द्रपुर के एक सौ पचास हथियार-बन्द जाँबाजों की मजबूत टोली के साथ आ गए हैं हमाए साथ। कै रये हैं, कछू और बड़ जैहैं कल तक *(स्मॉल पॉज़)*

[सब एक साथ उठकर, हाथ जोड़कर, झुककर पूरे आदर के साथ]

सब : *(एक साथ)* स्वागत है...स्वागत है! *(कहकर बैठ जाते हैं)*

[मधुकर जवाहरसिंह को पिता के पास ले जाते हैं और परिचय करवाते हैं। जवाहरसिंह चरण-स्पर्श करता है। लोगों के बीच एक व्यक्ति आता है और ख़बर देता है]

एक व्यक्ति : गूढ़ा के ठाकुर विक्रमजीत सिंह आ गए हैं।

[तुरन्त तेज़ी से विक्रमजीत सिंह का प्रवेश। बहुत ग़ुस्से में दिखता है। मधुकर को हाथ जोड़कर नमस्कार करता है। मधुकर राव साहब की तरफ़ इशारा करते हैं। उनके पास उसे ले

जाते हैं। विक्रमजीत उनके चरण-स्पर्श करता है। दोनों वापस लोगों के बीच आते हैं। विक्रमजीत ग़ुस्से में हैं]

मधुकर : जे गूढ़ा के ठाकुर विक्रमजीत सिंह हैं। एक सौ साठ हथियार-बन्द जाँबाजों की मजबूत टोली के साथ हमाये संगै आ गए हैं।

[सब एक साथ उठकर, हाथ जोड़कर पूरे आदर के साथ]

सब : *(एक साथ)* स्वागत है, स्वागत है!

[विक्रमजीत सिंह के बैठते ही वे लोग भी बैठ जाते हैं]

विक्रमजीत सिंह : *(ग़ुस्से में)* मूड़ऽ काट कैंऽऽ धर दैहैं इन अंग्रेजन की। लगान नै चुका पाये तौ हमसैं हमाई जमीन छुड़ा लई? पोंद पै ऐसी लातऽ मारऽहैंऽऽ कै सीदे इंग्लैंड में जाकैं गिरहैं जे मुफतखोर! एक-एक खौंऽऽ चुन-चुन कैं नै मारौ तौ *(ज़ोर देकर)* लानत है हमाई ठकरास पै! लानतऽऽ है हमाए बुन्देलखण्डी होवै पै!

जवाहरसिंह : *(ग़ुस्से को आगे बढ़ाते हुए)* हमाई आँखों के सामनेऽ हमाई खड़ी फसल कटवाकैं लै गऔ वौ कुतिया को जनौ तहसीलदार!! कैत हैऽऽ जौ देख लो—ऑर्डर है बड़े साबकौ...हमखौं कागज दिखाऽऽत है!! कछू औऽऽ तौ अंग्रेजों की धौंस

दिखात! ऊ अंग्रेज सें मिलवे जाऔऽऽऽ तौ कैत है 'यू ब्लडी इंडियन!' काट कें धर दो इन सारे अंग्रेजन खौं! खदेड़ कैं धर दो इनखौं अपने बुन्देलखण्ड सैं!

मधुकर : *(ग़ुस्से को आग की चिनगारी देते हुए)* अपने मान-सम्मान के लानै, अपनी सान के लानै जिअत हैं। हम बुन्देला हैं। मान-सम्मान के लानै मरबौ भी जानत हैं। *(स्लोगन की तरह नारा देकर)* उठाऔऽऽ तलवार। जय भवानी!

सब : *(तलवार उठाकर)* जयऽऽऽ भवानीऽऽऽ! *(दो बार नारे लगाते हैं)*

मधुकर : *(उसी ग़ुस्से की आग को बरक़रार रखते हुए)* अब हम माँ भवानी के चरणों खौं हाँथ लगाकैं ठाकुरों वाली सपथ लैहैं।

[इस बीच छोटी थाली में माँ भवानी की मूर्ति और मूर्ति के आगे जलता हुआ दीया लाया जाता है। तुरन्त एक चौड़ी, ऊँची चौकी भी लाई जाती है। मधुकर बीचोबीच चौकी पर खड़े होकर थाली अपने हाथ में लेते हैं। दोनों ठाकुर और गणेश मधुकर को घेरकर खड़े हो जाते हैं। थोड़ी दूरी रखकर कुछ लोग अगला घेरा बनाकर खड़े हो जाते हैं। बाक़ी लोग थोड़ी दूरी बनाकर तीसरा घेरा अपने घुटनों पर बैठकर बनाते हैं]

मधुकर : *(शपथ लेना शुरू करते हैं)* हम—

सब : *(झटके से तलवार निकालकर दीये की तरफ़ करके, सिर झुकाकर, पूरी इंटेन्सिटी के साथ)* हम—

मधुकर : माँ भवानी के चरणों पै

सब : माँ भवानी के चरणों पै

मधुकर : अपनौ हाँथ रखकें हृदय से सपथ लेत हैं

सब : अपनौ हाँथ रखकें हृदय सें सपथ लेत हैं

मधुकर : कै जब तक इन स्वार्थी फिरंगियों खौं

सब : कै जब तक इन स्वार्थी फिरंगियों खौं

मधुकर : अपने बुन्देलखण्ड की जमीन सें खदेड़कें बाहर नहीं फेंक देत हैं...

सब : अपने बुन्देलखण्ड की जमीन से खदेड़कें बाहर नहीं फेंक देत हैं...

मधुकर : *(ज़ोर देकर)* रोटी कौ एक निवाला बी खुसी सें खाना हमखौं हराम है।

सब : *(ज़ोर देकर)* रोटी कौ एक निवाला बी खुसी सें खाना हमखौं हराम है।

[शपथ ख़त्म होते ही राव साहब की गरज़दार आवाज़]

राव : जऽय भऽवानी! *(दो बार दुहराते हैं)*

सब : जऽय भऽवानी!

[मधुकर दीये की थाली गणेश के हाथों में देकर स्त्रियों के झुंड की तरफ़ माँ के पास जाते हैं]

[सभी फ्रीज़]

मधुकर : आप खौं मुसीबत में डारकें जा रए हैं, और कोई उपाय नईंयाँ। अपनी माटी कौ मान तौ बचानैई परहै। *(थोड़ा ऊपर उठाकर हाथ जोड़ते हैं)* माफ़ कर दिओ माई! *(फफककर रो पड़ते हैं)*

माँ : *(कड़क स्वर में)* रोत काय खौं है? तुझे अपनी माँ जौहर करत दिखाई देत है का? बुजदिल और कायर समझ लव हमखों? वीरांगनाएँ हैं हम। आसमान खौं फाड़ दैबे की ताकत रखत हैं। *(समवेत् स्वर)*

[पीछे छुपाई तलवार झटके से बाहर निकालती हैं]

माँ : जयऽऽ भवानी!

[सभी स्त्रियाँ अपने पीछे छुपाई हुई तलवार खींचकर पूरे जोश के साथ]

स्त्रियाँ : जयऽऽ भवानी!

माँ : *(और भी ज़्यादा जोश के साथ)* जय माँ भवानी!

स्त्रियाँ : *(एक आड़ी लाइन में प्लेटफ़ार्म पर पोज़ीशन लेती हुईं)* जय माँ भवानी!

[धीरे-धीरे अन्धकार]

[बैकग्राउंड में रिकॉर्डेड कमेंट्री : 'और इस प्रकार अंग्रेज़ों के ख़िलाफ़ 8 अप्रैल, 1842 को बुन्देला-विद्रोह का बिगुल बज गया, जिसके सूत्रधार बने मधुकर शाह बुन्देला, जिसके नायक बने मधुकर शाह बुन्देला! 9 अप्रैल, 1842 को मधुकर शाह की लगभग दो हज़ार पैदल और घुड़सवार विद्रोही टोली ने खिमलासा में

3 लाख रुपये की सरकारी सम्पत्ति लूटी। खुरई, नरयावली, धामौनी और सागर में आम जनता और ठाकुरों पर ज़ुल्म ढाने वाले पुलिस अफ़सरों और सिपाहियों को मार गिराया। पुलिस चौकियों में आग लगा दी। बुन्देलखण्ड में सरकारी तंत्र में तनाव फैल गया']

[दृश्यान्त]

दृश्य–27

ओम्मनी का घर

[अन्दर की तरफ़ अँधेरा। आगे की तरफ़ सिर में पट्टी बाँधे पुलिस जमादार घर के दरवाज़े से, जिसके दोनों तरफ़ पुलिस वाले खड़े हैं, बाहर की तरफ़ झाँकता है। डरकर वापस आता है, फिर बाहर निकलने की हिम्मत जुटाता है। धीरे–धीरे बाहर निकल जाता है। अचानक घबराकर चिल्लाता हुआ वापस अन्दर आता है]

पुलिस जमादार : *(डरकर)* मुझे नहीं जाना अपने घर...मुझे नहीं जाना अपने घर!...इसी घर में रहने दो न, प्लीज़! वो लोग मुझे मार डालेंगे...!

[ओम्मनी रिऐक्ट नहीं करता। सिपाही पहरा दे रहे हैं। ओम्मनी परेशान कोई आदेश तैयार रहा है।]

ओम्मनी : *(डाँटते हुए)* यूऽ गोऽ होम!

पुलिस जमादार : *(सिर हिलाकर)* नईं, नईं, नईं, प्लीज़!... *(गिड़गिड़ाता है)*

ओम्मनी : आई सैड, टुम जाऔ इढर से!...थ्री डेज़ हो गया टुमको इढर...!

पुलिस जमादार : मुझे मत भेजो...प्लीज़! मुझे मत भेजो—मुझे बहुत डर लग रहा है! है-है-है...

[दाँत निपोरता है ओम्मनी के एकदम सामने खड़े होकर— एक पागल की तरह]

ओम्मनी : यू डंकी, फ़ॉर गॉड सेक, डोन्ट क्रिएट पैनिक इन माई होम...अपने हाठ में पिस्तौल राखो...डार नहीं लागेगा। *(ओम्मनी ख़ुद भी डरने लगता है)*

[तभी एक सिपाही तेज़ी से अन्दर प्रवेश करता है। उसको अचानक घर के अन्दर देखकर पुलिस जमादार बुरी तरह से डरकर तेज़ी से एक कोने की तरफ़ डरी आवाज़ें करता हुआ भागता है। ओम्मनी भी उसकी दहशत देखकर हड़बड़ा जाता है। डरकर पुलिस जमादार की तरफ़ भागता है। सिपाही हैरानी से दोनों को देखता है, फिर वह मुड़कर पीछे देखता है। कुछ समझ नहीं पाता— वापस मुड़ता है, हैरान। उन्हें देखता हुआ ज़ोर से आवाज़ करके सैल्यूट करता है। इस आकस्मिक आवाज़ से पहले पुलिस जमादार और फिर उसकी आवाज़ से ओम्मनी— दोनों ज़ोर से डरकर आवाज़ निकालते हुए कोने में घुस जाते हैं]

सिपाही : सर...सर...ये लेटर...सर फ्रेज़र ने दिया है। अर्जेंट है सर!

ओम्मनी : *(उसे जाने का इशारा करते हुए)* यू गो।

सिपाही : जवाब साथ में लाने को कहा है सर!

ओम्मनी : ओके, यू ब्लडी इंडियंस! *(कुछ सोचकर, पुलिस जमादार को)* ऐ कमॉन!

पुलिस जमादार : *(पास आकर)* यस सर!

ओम्मनी : यू कैन स्टे हियर फ़ॉर वन मोर डे।

[पुलिस जमादार नहीं समझ पाता है। फिर झल्लाकर]

: टुम एक डिन और रुक साकटा हय इढर...।

[पुलिस जमादार 'थैंक्यू, थैंक्यू सर' कहता हुआ अन्दर की तरफ़ चला जाता है। उसके जाने के बाद ओम्मनी अपनी जेब से फ़टाफ़ट पत्र निकालता है। पढ़ता है। पैन निकालता है। कुछ नोट करता है, फिर सिपाही को आवाज़ देता है]

: ऐई...

[सिपाही अन्दर आता है। उसको पेपर देता है। सिपाही सैल्यूट करके निकल जाता है। ओम्मनी का सेक्रेटरी भागता हुआ आता है]

सेक्रेटरी : सरऽ! सी. फ्रेज़र आये हैं।

[तभी फ्रेज़र का ऑडिटोरियम से प्रवेश। चारों तरफ़ पुलिस। हाथों में बन्दूक़। फ्रेज़र को

कुर्सी दी जाती है। ओम्मनी भी कुर्सी पर। बाक़ी सब खड़े रहते हैं]

फ्रेज़र : व्हाय डिड यू सैंड ऑफ़िसर क्लार्क इन सच अ रिमोट एरिया? अफ़सर को क्यों भेजा उढर? इन सच एरियाज़, सैंड यूअर जमादार ऑनली। नॉट अ वाइज़ डिसीज़न टू सैंड एन इंग्लिश टू सच रफ़ एरियाज़।

ओम्मनी : ही हिमसैल्फ़ रिक्वैस्टिड। उसने खुड बोला जाने के लिए।

फ्रेज़र : टू डू व्हॉट? गोइंग थ्रू जंगल्स? स्ट्रेट इन टु द माउथ ऑफ़ लायंस?

ओम्मनी : नो, ही वांटेड टू सी दिस एरियाज़ कल्चर। ही सैड, ही हैड हर्ड अ लॉट अबाउट दिस एरियाज़ कलरफ़ुल कल्चर एंड रिक्वैस्टिड टु लैट हिम गो एंड वॉच इट क्लोज़ली।

फ्रेज़र : हाउ अनकल्चर्ड एडमिनिस्ट्रेटर यू आर! जस्ट फ़ोकस ऑन टु सैव यूअर ड्यूटीफुल एरियाज़, एंड डीफ़ोकस यूअरसेल्फ़ फ्रॉम सेविंग यूअर ऑफ़िसर्स कल्चरल टेस्ट्स। आई पिटी यू फ़ॉर दिस।

ओम्मनी : *(हैरान)* वॉट? आए नोऽ माय जॉब।

फ्रेज़र : लर्निंग एंड एट लैट लर्निंग कल्चरऽऽ इज़ नॉट यूअर जॉब! *(ऑर्डर)* जस्ट बीऽऽ एनऽऽ एडमिनिस्ट्रेटर! अरैस्ट दोज़ बास्टर्ड्स ऐट ऐनी कॉस्ट हू अटैक्ड यौर ब्रिटिश ब्रदर। फ़ोरफ़ीट देयर प्रॉपट्रीज़, शो नो मर्सी ऐट ऑल। अगर वो मढूकर भागोड़ा है टो उसका फ़ादर को अरेस्ट कारो।

ओम्मनी : *(दबे रोष के साथ)* इट मे वर्स द सिचुएशन। हालाट ख़ाराब बी हो साकटा है। दे मे टेक स्टैप बर्स्ट दैन दिस। वी मे बिकम देयर नैक्स्ट टारगिट।

फ्रेज़र : यू मस्ट लर्न टु ओबे *(ओम्मनी को देखता है। ओम्मनी 'हाँ' में सिर हिलाता है)* इन्क्रीज़ द फ़ोर्स, डबल द नम्बर्स ऑफ़ लोकल पुलिस एंड इम्पोज़ द फ़ोर्स ऑन दीज़ डॉग्स फ़ोर्सफ़ुली। इंडियन ऑफ़िसर्स को भी इनाम का लालच डो। लोग गड्डारों को पकड़वाएँ, इसके लिए बड़ा इनाम अनाउंस कारो। लोगों में लालच पैडो कारो। आपस में फूट डालकर उनका यूनिटी टोड़ डालो। गड्डारों को पाकड़ो और पब्लिक के सामने उनको फाँसी पर लटकाओ। यू आर पॉवरफ़ुल—शो यूअर पॉवर।

[दृश्यान्त]

दृश्य–28

मधुकर शाह की हवेली

[घोड़ों की टापों की दिल दहला देनेवाली आवाज़ों और लोगों के रोने-चीख़ने-चिल्लाने की आवाज़ों के साथ दृश्य आरम्भ। दसों सिपाही हवेली की तलाशी ले रहे हैं। पुलिस जमादार हाथ में पिस्टल लिये इधर-उधर घूम रहा है।]

सिपाही : *(पुलिस जमादार से)* सर, यहाँ तो कोई भी नहीं है!

पुलिस जमादार : *(ग़ुस्से में एक झापड़ मारता है)* ठीक से ढूँढ़ो। इतनी जल्दी जाएगा कहाँ? जो भी मिले, अरैस्ट करो।

[थोड़ी देर में एक सिपाही, एक आदमी को मारता हुआ बाहर से पकड़कर लाता है। आदमी रो रहा है]

सिपाही : सर, लोग कह रहे हैं कि इसको मालूम है, मधुकर कहाँ है।

नर्मदा प्रसाद : *(रोता हुआ)* हमखौं नईं पता! *(गले को हाथ लगाकर)* भगवान की सौं!

[पुलिस जमादार सिपाही को इशारा करता है। सिपाही बिना रुके ताबड़-तोड़ उसकी ख़ूब पिटाई करता है। वह चिल्लाता रहता है— 'हमखौं नईं पता है, कहाँ हैं ठाकुर साहब...'

बैकग्राउंड में दूसरे सिपाहियों का तलाशी-अभियान चालू है। कोना-कोना छान मारने के बाद एक सिपाही आकर बताता है]

सिपाही : एक-एक कोना छान लिया सर, पूरी हवेली ख़ाली पड़ी है।

पुलिस जमादार : *(ग़ुस्से में)* सम्पत्ति ज़ब्त करो इनकी! ऑर्डर है मेरे पास। गाँव वालों को बुलाओ! उनकी गवाही में ये कार्यवाही होगी। *(नफ़रत से)* बुलाओ, इन गँवारों

को! *(अपने-आपसे)* कहाँ ग़ायब हो गए, इतनी जल्दी?

[धीरे-धीरे गाँव वालों की डरी-सहमी भीड़ इकट्ठी हो जाती है। सिपाही रोते हुए आदमी को आगे लाकर]

सिपाही : इसका क्या करना है सर? लग तो रहा है कि इसे मालूम है कि मधुकर कहाँ है।

पुलिस जमादार : *(उस आदमी की तरफ़ ध्यान से देखता है, कुछ सोचकर)* अभी बताता हूँ।

[पुलिस जमादार ऊपर जाकर सिपाही को आवाज़ देता है]

: ऐऽऽऽ, उस ग़द्दार को ऊपर लाओ।

[उसे ऊपर लाया जाता है। उसकी तरफ़ इशारा करके, सब लोगों से]

: इस आदमी को मालूम है कि मधुकर कहाँ है, मगर ये बता नहीं रहा है। *(चिल्लाकर, ग़ुस्से में)* थोड़ा कष्ट दो इसे।

[सिपाही मारता है। वह चिल्लाता है। थोड़ी देर में]

: जो भी व्यक्ति ग़द्दारों को ढूँढ़ने में अंग्रेज़ी सरकार के साथ नहीं हैऽऽऽ, वो भी सरकार की नज़र में ग़द्दार है! और ग़द्दारी की एक ही सज़ा है—

सज़ा-ए-मौत। बाँधके रखो इसे, ले चलेंगे अपने साथ।

[उसे घसीटकर बाहर की तरफ़ ले जाते हैं। वह चिल्ला रहा है। गिड़गिड़ाता रो रहा है]

: बड़ों-बड़ों के मुँह खुलवाये हैं हमने। मुझे मालूम है, तू ज़रूर बताएगा कि मधुकर और उसका बाप कहाँ हैं?

[पीछे से राव साहब की आवाज़ आती है]

राव साहब : यहाँ पर हूँ मैं। एक अकेले लाचार आदमी को ले जाने में क्या बहादुरी है? मुझे लेकर चल, तुझे कुछ इनाम भी मिल जाये शायद। *(सब चौंककर उनकी तरफ़ मुड़ते हैं)* एक ग़रीब, कमज़ोर किसान पर अपनी ताक़त दिखा रहा है—ऐं? हिम्मत है, तो किसी बुन्देला ठाकुर से टकराकर दिखा! अंग्रेज़ों के तलवे चाटने वाले नमकहराम! अपने ही लोगों को इतनी बेरहमी से मारता-पीटता है तू? पचास बन्दूकधारी सिपाहियों की कमान तुझे मिल गई, तो तुझे क्या लगता है, पूरी दुनिया तुझे मिल गई? जैसे कुत्ते को रोटी का टुकड़ा डालकर अपने वश में किया जाता है न, फिर उसे अपने हिसाब से चलाया, दौड़ाया जाता है—यही हिसाब है तेरा उन अंग्रेज़ों के लिए। पूरे जीवन भर उनका कुत्ता बनकर रहेगा तू।

पुलिस जमादार : *(उपेक्षा से)* बऽऽस, बस! कुत्ता हूँ मैं? *(आगे आता है। राव साब झटके से उसे पीछे धकेलते हैं)*

राव साहब : चल हट, ज़िलाध्यक्ष को लगता है, उसे हुकूमत मिल गई। तहसीलदार को लगता है, उसे हुकूमत मिल गई। तुझ जैसे मूर्ख पुलिस जमादार को लगता है, तुझे हुकूमत मिल गई। ऐसी हुकूमत कि इंसान की जगह भेड़िये बन गए। जो दूसरों पर सिर्फ़ ज़ुल्म करने के लिए पैदा हुए हैं। ये चाल है इन अंग्रेज़ों की, समझा? तुम जैसों की मानसिकता को ऐसे घुमाया कि तुम भूल ही गए कि तुम भी हिन्दुस्तानी हो। और वो तुम जैसों की मदद से, बहुत आराम से, इतने बड़े हिन्दुस्तान पर राज कर रहे हैं।

पुलिस जमादार : *(चिढ़कर)* ऐऽऽ बड़े ठाकुर साब, ज़्यादा सयानापन मत बघारौ—इन अनपढ़ गँवार लोगों के सामने! हमको पट्टी पढ़ाता है? *(कड़क होकर)* मधुकर और गणेश ने ब्रिटिश साम्राज्य की इज़्ज़त पर हमला किया हैऽऽ, उसका ख़मियाज़ा तुम्हें भी तो भुगतना पड़ेगा।

राव साहब : *(वैसी ही कड़क आवाज़ में)* तैयार हूँ मैं! इसीलिए तो आया है ये बुन्देला ठाकुर तेरे सामने।

पुलिस जमादार : गिरफ़्तार करो इसे।

[आदेश सुनते ही चार सिपाही राव साहब की तरफ़ दौड़ते हैं। दो पकड़ते हैं, दो बन्दूकें तानकर उनके पीछे पोज़ीशन लेते हैं]

राव साहब : अंग्रेज़ों के मकड़जाल में फँस गया तू। अब सिर्फ़ऽऽ भगवान ही बचा सकता है तुझे।

पुलिस जमादार : *(पास जाते हुए)* ग़द्दारों को पैदा करनेवाले बूढ़ेऽऽऽ, कुत्ता हूँ मैं—ऐं? *(चिल्लाकर धक्का देता है)* कुत्ता हूँ मैं?

राव साहब : *(धक्का खाकर आहत। धिक्कारते हुए—ग़ुस्से में)* लानत हैऽ! तूने हिन्दुस्तान की पवित्र धरती पर जन्म लिया, लानत है तेरे हिन्दुस्तानी होने पै! कूड़े का ढेर है तू एक सच्चे हिन्दुस्तानी के सामने! उसका गन्दा थूक है! लानत है तुझ पर, लानत है!

[हिकारत से पुलिस जमादार आगे-आगे तेज़ी से बाहर निकल जाता है। पीछे-पीछे सिपाही राव साहब के साथ बाहर जाते हैं। भीड़ स्तब्ध]

[दृश्यान्त]

[बैक ग्राउंड में : हरबोले]

अरे मोरे राम...
भारत देस मुलुक सें नईंयाँ,
अंग्रेजों खौं तनक लगाव—
अरे मोरे राम!
चाय जौन कौ मान घटाओ,
जे खौं चाहौ मान बढ़ाओ—
अरे मोरे राम!
कोनऊँ कौ दुख-दरद नें समजें,
मारें-कूटें देवें घाव—
अरे मोरे राम!

भारतीयों खौं कुत्ता समझें,
पाछें उनके पूँछ हलाऔ—
अरे मोरे राम... !

[धीरे-धीरे अँधेरा]

दृश्य-29

[स्टेज पर डौंड़ी पीटता हुआ व्यक्ति पहले एक छोटा चक्कर लगाता है, फिर ऊपरी हिस्से में खड़े होकर और ज़ोर से नगड़िया बजाता है। धीरे-धीरे लोग जमा हो जाते हैं। नगड़िया वाले के साथ वाला सिपाही घोषणा पढ़ता है]

मुनादी वाला/
सिपाही : *(एक स्टाइल में)* सभी आमऽ और सभी ख़ास नागरिकों को सूचित किया जाता है कि अंग्रेज़ी शासन की नाफ़रमानी करनेवाले नारहट के मधुकर शाह, गणेशजू और चन्द्रपुर के जवाहरसिंह सरकार की तरफ़ से ग़द्दार घोषित किए जाते हैं। ये ग़द्दार जगह-जगह गाँवों के धनी लोगों को लूट रहे हैं, और उनका बचाव करनेवाले आम लोगों की हत्या कर रहे हैं। इसलिए आप सभी लोगों को भयमुक्त करने के लिए और हर तरफ़ फैले उनके आतंक से आपके गाँवों को बचाने के लिए सरकार आपसे सहयोग की अपील करती है। उनको पकड़वाने के लिए इनाम की घोषणा करती है।

1. ग़द्दार नारहट के मधुकर शाह को पकड़वाएँ *(नगड़िया की खड़क)* और 2000 रुपयों की मोटी रक़म पाएँ।

2. ग़द्दार नारहट के गणेशजू को पकड़वाएँ *(नगड़िया की खड़क)* और 2000 रुपयों की मोटी रक़म पाएँ।
3. ग़द्दार चन्द्रपुर के जवाहरसिंह को पकड़वाएँ *(नगड़िया की खड़क)* और 2000 रुपयों की मोटी रकम पाएँ।

आदेश एवं सील
चार्ल्स फ्रेज़र, एजेंट लेफ़्टिनेंट गवर्नर जनरल
सागर, नर्मदा क्षेत्र

घोषणा, घोषणा, घोषणा...!

[मुनादी करनेवाले नगड़िया बजाते हुए बाहर निकल जाते हैं]

[दृश्यान्त]

दृश्य-30

[रात का दूसरा पहर। पुलिस जमादार खर्राटे मारते हुए सो रहा है। माइक से खर्राटों की आवाज़। छः सिपाही हाथ में बन्दूक़ लिये पहरा दे रहे हैं। बीच-बीच में पुलिस जमादार घबराकर उठता है, पिस्तौल उठाता है]

पुलिस जमादार : कौन है? कौन है? कौन है वहाँ?

[सभी सिपाही दौड़कर पास आते हैं।]

सिपाही : *(हैरानी और परेशानी में)* क्या हुआ सर?

पुलिस जमादार : कौन था वहाँ—खिड़की पर? कौन...कौन...कौन था वहाँ—माथे पर पट्टी बाँधे... ?

सिपाही : खिड़की तो बन्द है सर!

पुलिस जमादार : ओह *(समझ जाता है, सपना था। सुर बदलकर)* जाओ, जाओ, सब ठीक से ड्यूटी करना... *(झटके से सो जाता है)*

[सिपाही वापस ड्यूटी पर। अब तीन सिपाही आगे स्टेज पर लाइन से परेड कर रहे हैं। पहले बायें, फिर पलटकर दायें। कुछ देर बाद पुलिस जमादार फिर झटके से उठता है]

: कहाँ है...कहाँ है...मेरी पिस्तौल? कहाँ गई? इधर ही तो रखी थी...

[सभी सिपाही दौड़ कर पास आते हैं। बहुत ग़ुस्से में उनसे पूछता है]

: यहाँ रखी थी *(ज़ोर से)* किसने उठाई मेरी पिस्तौल?

[सभी स्तब्ध। एक-दूसरे को देखते हैं।]

एक सिपाही : *(हैरानी के साथ)* आपकी दोनों पिस्तौल तो इधर ही रखी हैं—तकिए के पास।

पुलिस जमादार : *(झटके से)* अरे! ये तो *(सोचता है)*...ये तोऽऽ यहाँ हैं! मैं वहाँ क्यों ढूँढ़ रहा था? ये क्या हो रहा है मुझे? *(झल्लाकर)*...ये क्या हो गया है मुझे?... तुमने माथे पर पट्टी बाँधी थी क्या? *(फिर अचानक*

विचार बदलता है। एक सिपाही से)...कहीं मेरे दिमाग़ऽऽ...कहीं मेरे दिमाग़ऽऽ में गड़बड़ी तो नहीं आ गई?

सिपाही : *(सिटपिटाकर डरते हुए)* मैं नहीं जानता सर!

पुलिस जमादार : *(सुर बदलकर)* क्या नहीं जानते तुम? *(सिपाही सहमकर चुप हो जाता है)*

: *(झल्लाकर)* क्या नहीं जानते तुम? बोलो न...क्या नहीं जानते तुम?

सिपाही : *(सहमा हुआ)* कि आपका दिमाग़...।

पुलिस जमादार : *(कॉलर पकड़कर)* क्या हुआ है मेरे दिमाग़ को...?

[दूसरे सिपाहियों की तर.फ प्रश्नात्मक देखता है। कॉलर छोड़कर धक्का देता हुआ चिल्लाकर बोलता है :]

: क्या हुआ है मेरे दिमाग़ को? *(अचानक समझाते हुए)*...कुछ नहीं हुआ है मेरे दिमाग़ को। सब कुछ एकदम सही है।...तुम लोग मेरे दिमाग़ की बिल्कुल भी चिन्ता मत करो।...जाओ, अपनी ड्यूटी करो, जाओ...

[कहकर तुरन्त लेट जाता है। ठीक से चादर ओढ़ता है— गर्दन तक। सिपाही पोज़ीशन लेते हैं। थोड़ी ही देर में स.फेद चादर झटके से सिर तक ओढ़ लेता है। मुर्दे जैसा दिखता है। थोड़ी ही देर में, झटके से उठता है। चिल्लाकर बोलता है। सब दौड़कर पास आते हैं]

पुलिस जमादार : दोनों खिड़कियों पर जाओ...दोनों खिड़कियों पर...!

सिपाही : *(भोलेपन से)* और दरवाज़े पर सर?

पुलिस जमादार : हाँ-हाँ, दरवाज़े पर भी।...जाओ, जाओ!

[झटके से फिर वैसे ही लेट जाता है। सिपाही तीन आकृतियाँ बनाते हैं— तीन सिपाही पीछे से आगे स्टेज की बाईं तरफ़, तीन सिपाही पीछे से आगे स्टेज की दाईं तरफ़।

इंग्लिश ड्रम की धुन पर सब एक साथ परेड करते हैं। ड्रम का वॉल्यूम बढ़ता जाता है।

मधुकर और टोली माथे पर पट्टी बाँधे सिल्विट में दिखाई पड़ते हैं। पोजीशन लेते हैं। एक झम्म की साउंड पर सभी सिपाहियों पर एक साथ हमला करके सिल्विट में ही बिना किसी आवाज़ के उनको मार देते हैं। फिर पुलिस जमादार को चारों तरफ़ से घेर लेते हैं। धीरे-धीरे लाइट आती है]

मधुकर : जमादार! *(पहले आवाज़ लगाता है प्यार से, फिर कड़ककर)* जमाडार! *(जैसे ओम्मनी बोल रहा हो)* जमाडार! *(झटके से मुँह पर से सोते-सोते ही कपड़ा हटाता है)*

पुलिस जमादार : यसऽऽ सर!

मधुकर : उस गड्डार मढूकर काऽऽ क्या हुआ?

पुलिस जमादार : *(उसी तरह आँखें बन्द। सोते हुए जवाब देता है, जैसे सपने में बातें कर रहा हो)* यूऽऽ डॉन्टऽऽ वरीऽऽ सर! दो दिन में वो काम करूँगाऽऽ के आऽऽप सरऽऽप्राइज़ हो जाएँगे। *(सभी हैरान एक-दूसरे को देखते हैं। पुलिस जमादार उसी तरह सोते हुए शान से)* एक आदमी कोऽऽ खोज लिया है सर! उसको सिर्फ़ दो सौ रुपयों का लालच दिया और वो मधुकर की सारी पोल-पट्टी खोलनेऽ के लिएऽ राज़ी होऽऽ गया है। *(सब हैरान एक-दूसरे को देखते हैं)*

मधुकर : पोलऽऽ-पाट्टीऽऽ! क्या बोलटा है? कैसा पोलऽऽ-पाट्टी? टुम्हारा माटलब मढूकर का मिस्ट्री ओपन कऽऽरेगा? कौन-सा मिस्ट्री?

पुलिस जमादार : कि उनकेऽऽ घर से भागने का खुफ़िया रास्ताऽऽ कहाँ है, और वहाँ पाताली सुरंग सेऽऽ वो कौन से जंगल में निकलते हैं?

मधुकर : वैरीगुड जामाऽऽडार! यू आर वंऽऽऽडरफुलऽऽ मैन! कौन है वोऽऽ आडमी और कीऽढरऽ मीलेगा?

पुलिस जमादार : *(फुसफुसाकर, जैसे उसके कान में कह रहा हो)* मधुकर के गाँव का नर्मदा प्रसाद...*(खुशी से)* मैं पकड़ लाया सर...मेरे क़ब्ज़े में है। *(सब एक-दूसरे को देखते हैं)*

मधुकर : क्या बाट है जामाऽऽडार, टुमने टो रियल में सरप्राइज़ डे डिया! अब टो उस गड्डार मढूकर का डो हाज़ार का इनाम टेरे कोऽऽ मील जाएगा...!

पुलिस जमादार : नॉट ऑनली मधुकरऽऽऽऽ, मैं तो वो कमाल दिखाने वाला हूँ कि उसका भाई गणेशजू और जवाहरसिंह का इनाम भीऽ आप मुझे ही दे डालेंगे।

मधुकर : वो टीनों इनाम टो खुड चालकर टेरे पास, टेरे घर में आ गए—आँखें खोलके डेख!

पुलिस जमादार : *(बहुत ख़ुश होकर। भलभलाकर हँसते हुए)* अच्छाऽऽऽ! अहा हा हा...!

[मुँह फाड़कर हँसता हुआ आँखें खोलता है। थोड़ा और हँसता है, जैसे अभी भी नींद में हो! अचानक मधुकर आदि को देखकर साँप सूँघ जाता है। डरकर घुटने पर आता है। अभी भी मुँह खुला हुआ, आँखें फटी हुईं। टोली उसे घेरे में लेकर तलवारें एक साथ ऊपर उठाती है, और एक साथ ही वार करती है। वार के साथ ही फ़ेडआउट]

[दृश्यान्त]

दृश्य–31

[चारों कोनों पर क्रमशः गवर्नर जनरल का एजेंट कर्नल स्लीमन, लैफ्टिनेंट गवर्नर जनरल का एजेंट चार्ल्स फ्रेज़र और सागर का असिस्टेंट कमिश्नर एम.सी. ओम्मनी और चौथे कोने पर कैप्टन बैकमैन। उन सभी पर स्पॉट लाइट।]

कर्नल स्लीमन : हाऊ कैनऽऽ वी गो ऑनऽऽऽ लाइक दिस—मिस्टर चार्ल्स फ्रेज़र?

चार्ल्स फ्रेज़र : *(दूसरे कोने पर लाइट आती है) (ओम्मनी की तरफ़ मुड़कर)* हाऊ कैनऽऽ वीऽऽ गो ऑन लाइक दिस मिस्टर ओम्मनी?

एम. सी. ओम्मनी : *(तीसरे कोने पर लाइट आती है)* हाऊ कैन *(चिल्लाकर)* वीऽऽ गो ऑन लाइक दिस कैप्टन बैकमैन?

कैप्टन बैकमैन : *(चौथा कोना)* आई एम सॉरी सर! आई विल टेक योर ऑर्डर्स एंड डू दि जॉबऽ सर।

कर्नल स्लीमैन : वी हैव लॉस्ट फ़ाइव सीनियर इंग्लिश ऑफ़िसर्स। वी आर आंसरेबल टु ब्रिटिश ऐम्पायर।

चार्ल्स फ्रेज़र : *(दोहराता है)* वी हैव लॉस्ट फ़ाइव सीनियर इंग्लिश ऑफ़िसर। वी आर आंसरेबिल टु ब्रिटिश ऐम्पायर।

एम. सी. ओम्मनी : *(दोहराता है)* वी हैव लॉस्ट फ़ाइव सीनियर इंग्लिश ऑफ़िसर वी आर आंसरेबिल टु ब्रिटिश ऐम्पायर।

[सभी संवाद दोहराए जाते हैं—फ्रेज़र और ओम्मनी के द्वारा। और अन्त में कैप्टन बैकमैन सॉरी बोलता है]

कैप्टन बैकमैन : आई एम सॉरी सर!

कर्नल स्लीमन : वॉट आर यू डूइंग?

[ओम्मनी और फ्रेज़र दोहराते हैं]

चार्ल्स फ्रेज़र : वॉट आर यू डूइंग?

एम. सी. ओम्मनी : वॉट आर यू डूइंग?

कैप्टन बैकमैन : आई एम सॉरी सर!

कर्नल स्लीमन : बिफ़ोर दिस डिज़ीज़ऽऽऽ, ये बीमारी डूसरी जागहों में फैले...

[दोनों दोहराते हैं]

चार्ल्स फ्रेज़र : बिफ़ोर दिस डिज़ीज़ऽऽऽ, ये बीमारी डूसरी जागहों में फैले...

एम. सी. ओम्मनी : बिफ़ोर दिस डिज़ीज़ऽऽऽ, ये बीमारी डूसरी जागहों में फैले...

ऑफ़िसर माइकल : यस सर!

स्लीमैन : इससे पैले वो हामारे घार में घूसे, हामारा मर्डर कारे...

[दोनों दोहराते हैं]

चार्ल्स फ्रेज़र : इससे पैले वो हामारे घार में घूसे, हामारा मर्डर कारे...

एम. सी. ओम्मनी : इससे पैले वो हामारे घार में घूसे, हामारा मर्डर कारे...

ऑफ़िसर माइकल : यस सर!

कर्नल स्लीमैन : कैच दैट बास्टर्ड बुन्डेला ठाकुर माडूकारऽऽऽ!

[दोनों कड़ककर दोहराते हैं]

चार्ल्स फ्रेज़र : कैच दैट बास्टर्ड बुन्डेला ठाकुर माडूकारऽऽऽ!

एम. सी. ओम्मनी : कैच दैट बास्टर्ड बुन्डेला ठाकुर माडूकारऽऽऽ!

ऑफ़िसर माइकल : यऽऽस सऽऽर!

दृश्य–32

[उसी समय नर्मदा प्रसाद की ज़ोर से गला–फाड़ आवाज़ के साथ फ़ेडआउट–.फ़ेडइन।

मधुकर पीछे मध्य में ऊँचाई पर खड़े हैं। बाक़ी लोग आड़ी लाइन में नीचे खड़े हैं। सबके हाथों में तलवार।

नर्मदा प्रसाद को दो लोग पकड़कर ला रहे हैं। वह चिल्लाता हुआ अपने प्राणों की भीख माँग रहा है, जैसे गर्दन कटते सूअर का चीत्कार]

नर्मदा प्रसाद : हमसें भौत बड़ी गलती हो गई दाऊ...हमसें भौत बड़ी गलती हो गई!...दाऊ रे, माफ कर दो हमखों! *(ज़ोर से)* हमने अपने गाँव के साथ गद्दारी करी है।...अब जिन्दगी में ऐंसौ कबऊँ नै करहें!...भगवान की कसम खा रए दाऊ!

[धीरे–धीरे टोली उसे घेरे में लेती है। मधुकर वहीं खड़े देख रहे हैं]

नर्मदा प्रसाद : *(और ज़ोर से गिड़गिड़ाकर)* हमने गद्दारी करी... हमाई नाक काट लो दाऊऽऽ, मनों हमें मारों नै...! *(टोली एक साथ तलवार उठाती है। नर्मदा और ज़ोर से)* छोड़ दो हमखों!!!

[एक साथ झटके से वार करते हैं]

[फ़ेड आउट]

[अँधेरे में तुरन्त कर्नल स्लीमैन की गरजती हुई आवाज़ आती है।]

कर्नल स्लीमन : कैच दोज़ बास्टड्‌र्स बुंडेला ठाकोर।

कैप्टन बैकमैन : यस सर!

[चार्ल्स फ्रेजर और एम. सी. ओम्मनी दोहराते हैं]

[चारों अंग्रेज़ों पर स्पॉट लाइट आती है]

कर्नल स्लीमैन : *(ज़ोर से)* कैच दोज़ बास्टड्‌र्स बुंडेला ठाकोर।... इन्क्रीज़ द अवार्ड मनी।

[दोनों दोहराते हैं।]

कैप्टन बैकमैन : यह सर!!

कर्नल स्लीमैन : इनाम का रूपऽया बढ़ा डो *(झटके के साथ)* एंड कैच हिम जिंडा या मुर्डा!

[दोनों दोहराते हैं]

कैप्टन बैकमैन : यह सर!

[झटके से लाइट बन्द। अँधेरा होने के साथ ही नगड़िया की टंकार बजती है। धीरे-धीरे लाइट आती है। बन्दूक़ लिये सिपाही नगड़िया पर डौंड़ी पीटते आदमी के साथ ऊँचे प्लेटफ़ार्म पर खड़ा होता है—'घोषणा, घोषणा, घोषणा!' लोग जमा होते हैं]

सिपाही : *(घोषणा पढ़ते हुए)* सभी नागरिकों को *(नगड़िया की खड़क)*...सभी आम और सभी ख़ास नागरिकों को *(खड़क)*...सरकार की तरफ़ से *(खड़क)* ...यह सूचना दी जाती है *(खड़क)*...कि जो भी व्यक्ति ग़द्दार मधुकर शाह बुन्देला और उसके भाई गणेशजू बुन्देला कोऽ...ज़िन्दा या मुर्दा गिरफ़्तार करवाने में सरकार की मद्द करेगाऽ... उसे अब दो हज़ार रुपये नहीं...बल्कि पाँच हज़ार रुपये की बहुत मोटी रक़म दी जाएगी *(नगड़िया की खड़क, खड़क, खड़क)*... और साथ ही... उसे सरकारी सुरक्षा भी मिलेगी...और सरकार का साथ भी मिलेगा...*(नगड़िया की खड़क, खड़क, खड़क)*...डरें नहीं...और निर्भीकता से आगे आकर...सरकार के साथ सहयोग करें...और अपना जीवन...सफल बनाएँ! *(नगड़िया की खड़क, खड़क, खड़क, खड़क, खड़क)*...

आदेश और सील

चार्ल्स फ्रेज़र, एजेंट लेफ़्टिनेंट गवर्नर जनरल,

सागर–नर्मदा क्षेत्र

[नगड़िया बजाते और 'घोषणा, घोषणा' बोलते हुए स्टेज से बाहर निकल जाता है।]

[दृश्यान्त]

दृश्य–33

[रात का समय। ओम्मनी सोया है। सिल्विट में धीरे से इधर–उधर देखते हुए मधुकर का प्रवेश। उसके इशारे पर पहले गणेशजू और जवाहर सिंह और फिर बाक़ी टोली बिना आवाज़ किये प्रवेश करती है। सब चारों तरफ़ पोज़ीशन लेते हैं। मधुकर ओम्मनी को उठाते हैं]

ओम्मनी : *(नींद में)* यऽस ?

मधुकर : हमेशा के लिए सो न जाए तू, इसलिए जगाने आया है ये मधुकर। उठ।

ओम्मनी : *(हड़बड़ाकर, चिल्लाते हुए)* वॉट, वॉट ? टुम अंडर... *(चिल्लाता है)* पोलिसऽ हैल्पऽ !

मधुकर : *(दबी आवाज़ में, तलवार दिखाते)* शोर मचाया तो जान से मार दूँगा !

[भीतर से पत्नी की आवाज़ आती है]

पत्नी : वॉट हैप्पिंड डियर ? हूम यू आर टॉकिंग टु ?

[बोलते हुए लिंडा नाइट गाउन में ही स्टेज पर आ जाती है। सबको देख उसकी चीख़ निकल जाती है। उसकी चीख़ सुनकर उसका बच्चा 'मॉम, मॉम' कहकर रोता हुआ स्टेज पर आ जाता है। लिंडा घबराकर बच्चे को पकड़ती है। इतने में गणेशजू और दो लोग लिंडा और बच्चे को कवर करते हैं]

गणेशजू : *(दबे ग़ुस्से से)* मुँह से ज़रा भी आवाज़ निकाली तो जान से मार देंगे ! *(बच्चा रोता है)* चुप ! *(तलवार*

और गणेशजू का ग़ुस्सा देखकर बच्चा और लिंडा— दोनों सहम जाते हैं)

ओम्मनी : *(थोड़ी ऊँची आवाज़ में)* वॉट डू यू... ?

[मधुकर तलवार दिखाते हैं। ओम्मनी का सुर एकदम ड्रॉप होता है। नीचे सुर में]

: वॉट डू यू वांट फ्रॉम मी ?

[बच्चा ओम्मनी को गिड़गिड़ाते देखकर ज़ोर से रो पड़ता है। सब उसकी तरफ़ चुप कराने के लिए दौड़ते हैं]

ओम्मनी : *(घबराकर)* डौंट किल हिम!...डौंट हिटऽ माई वाइफ़!...टुम ले लो...जो चाहटे, ले लो...!

मधुकर : *(बिगड़कर)* ऐ चुप! हम औरतों और बच्चों पर हाथ नहीं उठाते। बुन्देला ठाकुर हैं हम— बुन्देला ठाकुर!...*(गणेशजू से)* इनखौं ऊपर लै जाऔ।

ओम्मनी : *(पत्नी और बच्चे से मनुहार करते हुए)* गो विद दैम, प्लीज़!...दे वौंट हार्म यू। ऽऽऽ गो।

[वे दोनों डरे घबराए हुए गणेशजू के साथ ऊपर की तरफ़ जाते हैं। बाक़ी लोग आड़ी लाइन बनाकर सतर्क खड़े होते हैं]

मधुकर : मेरे पिताजी राव विजयबहादुर जी को कहाँ रखा है तुम लोगों ने ? रातोंरात जगह बदल दी ?...कहाँ रखा है पिताजी को ?

[ओम्मनी थोड़ी देर तक जवाब नहीं देता। उसे खींचकर एक झापड़ लगाते हैं]

ओम्मनी : प्लीज़, डौंट हिट मी—मेरा वाइफ़ और बच्चा का सामने!...टुम जो भी...

मधुकर : *(बीच में काटते हुए, ग़ुस्से से)* कहाँ रखा है पिताजी को?

[कुछ नहीं बोलता ओम्मनी]

: *(कड़क आवाज़ से)* कहाँ रखा है?

ओम्मनी : *(दृढ़ता से)* ये कॉन्फ़ीडेंशल मैटर है।...आई कांट रिवीलऽ इट टू यू।

मधुकर : हम तुम्हें मार देंगे।

ओम्मनी : मैंऽऽऽ टुमसेऽऽऽ अपना लाइफ़ का भीख माँग साकटा है...मगर आपना डेश का साथ...आपना टाज का साथ...गाड्डारी नाहीं कार साकटा।

[मधुकर ज़ोर से झन्नाटेदार चाँटा मारते हैं। बड़े मंजीरे का साउंड इफ़ैक्ट। वह नीचे गिरता है]

लैंडा : *(चिन्ता से)* वॉट इज़ हैप्पिनिंग देयर? आर यू ओके ओम्मनी?

ओम्मनी : या...या...आई एम एब्सोल्यूटली फ़ाइन।...यू डौंट वरी डियर।...वी आरऽऽ जस्ट टॉकिंग।

मधुकर : दो बार और पूछूँगा, नहीं बताया, तो मार दूँगा।

ओम्मनी : *(दृढ़ता से)* अगर मैं मरूँगा...टो टुम भी नाहीं बाचोगे।...डो डिन के अंडर टुम सबका सफ़ाया होने वाला है।...डामोह से फ़ौज का चार कम्पनी यहाँ के लिए चाल चूका हाय।...ब्रिगेडियर स्टब्स

इज़ वैऽऽरी क्रूअल।...लेडीज़ और बच्चा को भी नाहीं छोड़ता।

[थोड़ी देर की शान्ति। फिर मधुकर वहाँ से हटते हैं, गणेशजू उनकी जगह पर आता है]

गणेशजू : एक बार मैं पूछूँगा और दूसरीऽ और आख़िरी बार जवाहरसिंह तुमसे पूछेंगे।

[टोली की पूरी क़तार एक क़दम आगे आती है। ओम्मनी देखता है।]

गणेशजू : पिताजी को कौन से स्थान पर रखा है, स्थान का नाम बताना है तुझे।...कहाँ रखा है?

[ओम्मनी कुछ नहीं बोलता। दृढ़ता से सिर को 'ना' में दूसरी तरफ़ घुमा लेता है। गणेशजू थोड़ी देर प्रतीक्षा करता है, फिर मधुकर की तरफ़ देखता है। मधुकर कुछ नहीं बोलते। गणेशजू की जगह जवाहरसिंह उसके स्थान पर आता है। टोली की क़तार थोड़ा और आगे आती है। पोज़ीशन लेते ही ओम्मनी उसकी तरफ़ देखता है। जवाहरसिंह ज़ोर से झापड़ मारता है। साउंड इफ़ैक्ट। ओम्मनी नीचे गिरता है, तुरन्त उठता भी है]

जवाहरसिंह : *(ग़ुस्से से)* बुन्देलखण्ड की तासीर दूसरे प्रान्तों से अलग है—तुमखौं मालूम नईं है का?...हम बुन्देलों के ख़ून की गर्मी के चर्चे पूरी दुनिया में घूमत हैं—

एक खौं मारें, दो मर जाएँ! तीजौ गस खाकैं गिर जाए!!! *(फिर एक झापड़)*

[ओम्मनी सम्हलता है। थोड़ी दहशत में आता है]

जवाहरसिंह : *(ग़ुस्से से)* आख़िरी बार पूछहैं...

[तभी मधुकर की आवाज़ आती है]

आवाज़ : जवाहर!

[जवाहर को कुछ इशारा करते हैं। जवाहर वहाँ से हट जाता है। एक साथ दोनों विंग की तरफ़ देखते हैं। वहाँ से ओम्मनी का नौकर निकलता है। जवाहर की जगह लेता है]

ओम्मनी : *(हैरानी से)* टुम नारान?...टुम भी इनका साठ हो गया... ?

नरान : हमाई छोटी मौड़ी बुखार में तपत रई।...दद्दा-दद्दा करत रई...मर गई...और तुम हमें घोड़ा बनाकें चलात रए! इंग्लैंड के पेट में तलवार घुसेड़ने हैं। ...*(तलवार लेता है जवाहर से)*

जवाहरसिंह : *(ओम्मनी से)* आख़िरी बार पूछूँगा। नहीं बताएगा *(ग़ुस्से में)* तो तेरी हत्या कर देंगे...और तेरे बीवी-बच्चे को उठाकर ले जाएँगे!...घर का नौकर बना लेंगे।

[ओम्मनी ये शब्द बर्दाश्त नहीं कर पाता। एकदम ज़ोर से गिड़गिड़ाने लगता है]

ओम्मनी : *(गिड़गिड़ाते हुए)* प्लीज़, डौंट डू दिस टु माई वाइफ़!...मेरा पाटनी का साठ ऐसा माट कारना! *(लगभग रोते हुए)*...शी इज़ प्रैग्नेंट...!

[ओम्मनी की गिड़गिड़ाती तेज़ आवाज़ सुनकर उसकी पत्नी लिंडा भी ज़ोर-ज़ोर से रोने लगती है। बच्चा भी रो पड़ता है]

लिंडा : *(चिन्ता के साथ रोते हुए)* वॉट हैप्पिड, आर यू ओके?...व्हाई आर यू साउंडिंग सो वरीड...?

बच्चा : *(ज़ोर से रोते हुए)* डैड...डैड...आई हैव टु गो टु लू... *(ज़ोर से)* मॉम!

[इतना सब शोर सुनकर सारे सिपाही सब तरफ़ से 'कौन है, कौन है' करते हुए आते हैं। मधुकर और टोली को देखकर 'ख़बरदार, ख़बरदार' कहके सबको बन्दूक़ के निशाने पर लेने की कोशिश करते हैं। दोनों तरफ़ से लड़ाई। सभी सिपाहियों को मार गिराते हैं। सायरन की आवाज़...]

मधुकर : *(ग़रज़दार आवाज़ के साथ नारा लगाते हैं, सब दोहराते हैं)* अंग्रेज़ों का बुन्देलखण्ड की धरती सेऽ नामोनिशान मिटा देंगे।...मारूँगा नहीं तुझे... इस गर्भवती औरत के लिए तुझे ज़िन्दा छोड़कर जा रहे हैं...।

[तलवार का एक हलका वार करते हैं। ओम्मनी चिल्लाता है। मधुकर अपने लोगों को आदेश देते हैं]

: निकरौ, इते सैं। खतरा है।

[सब तेज़ी से बाहर निकल जाते हैं। ओम्मनी स्तब्ध। बीवी-बच्चे ज़ोर से रोते हुए दौड़कर ओम्मनी से लिपट जाते हैं। ओम्मनी अभी भी स्तब्ध।

सायरन की आवाज़ तेज़ होती जाती है। धीरे-धीरे .फेड आउट]

[दृश्यान्त]

दृश्य-34

[एक कोने में हरबोले और दूसरे कोने में अंग्रेज़। दोनों दृश्य एक साथ चलते हैं]

हरबोले : आतंक फैल गया मधुकर का चारों तरफ़।...अंग्रेज़ों के बीच खलबली मच गई।...हिल गया अंग्रेज़ी शासन।...बुन्देलखण्ड से अंग्रेज़ों के पाँव उखड़ने लगे।...हर हाल में मधुकर को पकड़ा ही जाए—इसके लिए इनाम की घोषणा के अलावा...अंग्रेज़ों ने एक और चाल खेली।

जज-ओम्मनी-

फ्रेज़र : पैलेऽऽ माढ़ूकर काऽऽ छवि ख़राब कारो।...पब्लिक में ऊसको लूटेरा, हाट्यारा बनाओ।...फेर पब्लिक से, आपने राजाओं से ऊसको पाकड़ने के लिए हैल्प माँगो...।

हरबोले : इधर अंग्रेज़ों ने मधुकर को पकड़ने के लिए...अपनी मुहिम तेज़ कर दी...उधर मधुकर ने आम जनता पर जुल्म ढाने वाले...इन निर्दयी अंग्रेज़ अफ़सरों को... एक-एक करके धराशायी करने की मुहिम तेज़ कर दी।

दृश्य–35

[सिल्विट में इधर-उधर भागते अंग्रेज़ और पीछे-पीछे तलवारों के साथ मधुकर-टोली। हाहाकार। सिल्विट में ही दो अंग्रेज़ों की हत्या]

दृश्य–36

['बाचाओ, बाचाओ! डौंट किल मी!' चिल्लाते हुए अंग्रेज़ जज का हाँफते-हाँफते प्रवेश। पीछे-पीछे मधुकर-टोली हाथों में तलवार लिये। टोली का शक्ति-प्रदर्शन—आतंक-प्रदर्शन। भागते-भागते थककर लाचार जज बीच प्लेटफ़ार्म पर रुक जाता है]

जज : *(चिल्लाकर)* डौंट किल मी!...डौंट किल मी, प्लीज़!...मैं मारना नहीं चाहटा *(हाथ जोड़ता है)*

[तलवार का एक तेज़ वार होता है। वह चीख़ता है। मधुकर का संयत प्रवेश]

मधुकर : इतने निर्दोष लोगों को लाचार बनाकर, उन्हें जेल में जीते-जी मार डाला तूने। और तू *(उसकी नक़ल)* मरना नाहीं चाहटा?

[एक और तलवार का वार। वह ज़ोर से चीख़ता है। फिर रोता हुआ हाथ जोड़ता है]

जज : आई बैग यू!...अपना जान का भीख माँगटा!... प्लीज़, प्लीज़, डौंट किल मी...!

[एक और वार के लिए तलवार उठती है। वह और ज़ोर से रोता है]

: प्लीऽऽज़, मर्सी अपॉन मी!...आई एम एन ओल्ड मैन!...इस बूढ़े पार राहम करो।...आई टच यौर फ़ीट।...टुमारा पाँव पाड़ता है...*(वो पाँव छूता है रोते हुए)* आई रिपेंट फ़ॉर माई रांग डीड!...पछटावा हय अपना बुरे काम का...! *(ज़ोर से रोकर)* प्लीज़, छोड़ डो मूझे!...

मधुकर : ठाँड़ौ करौ इसखौं! *(उसको खड़ा किया जाता है)* इस बुढ़ापे में भी मासूमों पर ज़ुल्म करने की तुम्हारी भूख शान्त नहीं होती? लानत है तुम अंग्रेज़ों की पूरी क़ौम पर!

[सब एक साथ तलवार उठाते हैं। मधुकर रोकते हैं अपने लोगों को...। गम्भीरता के साथ]

: इसको कान पकड़कर उठक-बैठक कराते हैं। *(जज से)* कान पकड़ और पहले बैठ और

फिर उठ। बैठ, उठ और बोल—मैंने ग़लत काम किए...मैं शर्मिन्दा हूँ...माफ़ी माँगता हूँ। *(कड़क)* चल, कान पकड़! *(कान पकड़ता है)* हाँ, अब बोल—मैंने ग़लत काम किए...मैं शर्मिन्दा हूँ...माफ़ी माँगता हूँ...

[जज माफ़ी माँगते हुए उट्ठक-बैठक करता है। तीन बार बोलने के बाद...]

मधुकर : *(शब्द बदलकर)*—बुन्देलखण्ड छोड़ दूँगा।...नहीं गया तो गोली मार देना।

जज : बुंडेलखाण्ड छोड़ डूँगा, नाहीं गाया टो गोली मार डेना।

[दो बार बोलते हुए उट्ठक-बैठक करने के बाद मधुकर उसे दीवार की तरफ़ मुँह करके ज़ोर-ज़ोर से बोलने के लिए कहते हैं। जज दर्शकों की तरफ़ पीठ करके ज़ोर-ज़ोर से बोलता है— उट्ठक-बैठक करते हुए। बीच-बीच में 'इंडिया छोड़ डेगा, नाहीं गया टो गोली मार डेना' बोलता रहता है।

मधुकर-टोली धीरे से खिसक जाती है। जज के संवाद रिकॉर्डेड आवाज़ में बदल जाते हैं : 'इंडिया छोड़ डेगा, इंग्लैंड चला जाएगा' आदि कुछ वाक्य और जुड़ते हैं। धीरे-धीरे लाइट जज के ऊपर सिमट आती है। रिकॉर्डेड आवाज़ का वॉल्यूम बढ़ता है। जज के ऊपर

.फ़ोकस लाइट का घेरा धीरे-धीरे जाता है। जज सिल्विट में कान पकड़े उठक-बैठक करता दिखता है]

[धीरे-धीरे अन्धकार]

दृश्य-37

[पिछले दृश्य की लाइट का जाना और अगले दृश्य की लाइट का आना लगभग साथ ही साथ होगा कुछेक क्षणों को छोड़कर सभी दृश्यों में। मंजीरा बजाते और 'अरे मोरे राम, अरे मोरे राम' दोहराते हरबोलों का प्रवेश]

हरबोले : अरे मोरे राम!
मधुकर को डर व्यापौ सो,
अंग्रेजों में भई हाहाकार—
अरे मोरे राम!
हुमस परौ अंग्रेजी सासन,
बचबे खों जे करें विचार—
अरे मोरे राम!
मधुकर खौं पकड़ौ जावै,
जा करी मुनादी धरौ इनाम—
अरे मोरे राम!
चाल चली और छबी बिगाड़ी,
मधुकर खौं दऔ डाकू नाम—
अरे मोरे राम!
इन चालों सें विचलित नईं भए,

मधुकर हो गए औरई तेज—
अरे मोरे राम!
इननै चुन-चुन कैं मारे फिर,
जुल्मी और निर्दयी अंग्रेज—
अरे मोरे राम!

[गाते-गाते हरबोले स्टेज से जाते हैं और स्टेज की दूसरी तरफ़ दृश्य आरम्भ हो जाता है। इस तरह लाइट का आना और जाना एक साथ होता दिखाई देता है]

दृश्य-38

[जज सिर में बैंडेज बाँधे कुर्सी पर बैठा है। ओम्मनी और फ्रेज़र कुर्सी के दोनों तरफ़ पीछे से आगे और आगे से पीछे परेशान, सोचते हुए चहलक़दमी कर रहे हैं। एक आगे आता है, साथ-साथ दूसरा पीछे की तरफ़ जाता है]

जज : बाई हुक और बाई क्रुक, ब्रिंग दैट बास्टर्ड माद्रूकर टु मी, ऑन माई फ़ीट! *(सभी संवाद नीचे सुर में, दबे हुए अति क्रोध के साथ)* मेऽरे पाँऽव में लाकार गिराओ ऊसको! मज़बूऽट पोलिस को अपॉइंट कारो फ़ॉर दिस जॉब एंड कैच हिम इम्मीजिएटली!

फ्रेज़र : पोलिस डरता हायऽ इस बास्टर्ड माद्रूकर गेंग से।

जज : दैन कॉल फ़ोर्सिस फ़्रॉम कैलकाटा एंड क्रश दोज़ टैररिस्ट्स!

ओम्मनी : अफ़ग़ानिस्टान वॉर में आमारा फ़ौज काम पड़ गाया है। वी आर बीइंग डिफ़ीटिड देयर। हाम

उडर हार भी साकटा है। ड्यू टू लैक ऑफ़ फोर्सिस।

जज : दैन इंग्लैंड से फ़ोर्सिस माँगाओ! आई डौंट केयर। बट ब्रिंग दैट बगरऽ हियर। वी मस्ट नॉट टौलरेट हिम ऐनीमोर। ऊसको बारडास्त नहीं कार साकटा। इफ़ वी डू दिस, हामारा ऐक्ज़िसटेंस खटम हो जाएगा इंडिया से।

फ्रेज़र : आई थिंक, हामको फ़िज़ीकल पॉवर के बाजाय, माइंड पॉवर का इस्टेमाल कारना चाहीए।

[ओम्मनी को पास आने का इशारा करता है, जैसे कोई रहस्यमयी बात उसके दिमाग़ में आई है और उसे बताना चाहता हो! ओम्मनी पास आता है। जज और ओम्मनी दोनों के साथ फुसफुसाकर]

फ्रेज़र : बानपुर किंग मार्डान सिंह हामारा फ़ेथफ़ुल टो नाहीं हैऽ...बट मादूकर ऊसका फ़ेथफ़ुल हाय!!! मैं ललितपुर डैपुटी कमिश्नर हैमिल्टन को ऑर्डर कारटा, कै वो फ्रैंड मानिक लाल को बड़ा लालच डिखाए और उसके थ्रू मार्डान सिंह को ये लालच दे कै ब्रिटिश ऐम्पायर उसका फ़ादर मोर प्रहलाद का चन्देरी का रियासत वापस कर सकता है अगर वो माडूकर को पकड़वाए।

ओम्मनी : यस और मानिकलाल उसके माइंड में ये भी बिठाए कै मादूकर उसका रियासत का रिच पब्लिक को डरा-ढमकाकर लूट रहा है, उनका मर्डर कर रहा है। वो डाकू-लुटेरा हाय इसलिए जानता की भालाई

के लिए वो माद्कर को कैच करके हामारे पाँव में पाटके। हाम ऊसको फाँसी पार लाटकाएगा, इन नो टाइम!!

[इंग्लिश ड्रम]

[धीरे-धीरे अन्धकार]

दृश्य-39

[राजा मर्दन सिंह की हवेली। राजा मर्दन सिंह के क़रीबी लल्ला रामसिंह चौधरी ललितपुर के द्वारा लाया हुआ, ललितपुर डिप्टी कमिश्नर हैमिल्टन का प्रस्ताव-पत्र मर्दन सिंह पढ़ रहा है। पढ़ने के बाद पास खड़े अर्दलियों को बाहर जाने का इशारा करता है। उनके बाहर जाते ही लल्ला रामसिंह पर एकदम भड़ककर]

मर्दन सिंह : हैमिल्टन नै सोच बी कैसें लई लल्ला रामसिंह, कै हम मधुकर खों पकड़वा देंहैं और ओकी आरम्भ करी भई इतनी बड़ी क्रान्ति खों तहस-नहस कर देंहैं? *(और बिगड़कर)* आप हमाए मित्रवत हौ इस कारण आपसें हम कछु नईं रए। कै दो जाकैं हैमिल्टन सें, हम मधुकर कौ समर्थन करत हैं। जाऔ...

लल्ला रामसिंह : *(बहुत प्यार में लिपटे हुए मीठे सुर में समझाते हुए)* हम तौ चलेई जैहैं राजा साहब...मगर आप जरा ठंडे दिमाग सें सोच-विचार करौ। कब तक मजबूर बनें बानपुर में पड़े रैहौ? *(प्यार से धीरे-*

धीरे आगे लाते हुए) चन्देरी की जोंन रियासत आपके पिताजी सें इन अंगरेजों नै छीन लई हती, वापस करबे के लानें तैयार तौ हैं। जे तौ कितनों बड़ौ सम्मान है आपके पिताजी के लानें! आपके लानें बी कितने बड़े सम्मान की बात हुईयै जा!

मर्दन सिंह : आम जनता भौतई त्रस्त हो गई है इन अंग्रेजन सें लल्ला रामसिंह। दिन-ब-दिन इनके अत्याचार बड़तई तौ जा रए। कितनौ सोशन कर रए हैं जे आम जनता कौ? आप इस सबसें वाकफ नईं हौ का?

लल्ला रामसिंह : *(ज़ोर देकर)* तौ जे कौन सौ सुख दै रए हैं जनता खों? जे बी तौ लूटई रए हैं उन खौं। उनकी हत्याएँ कर रए। डाकू बन गए जे लोग, अपनौ घर भर रए। *(जैसे कोई रहस्य की बात बता रहा हो)* अब, क्रान्तिकारी जैंसी बातैं थोड़ई रै गईं हैं। और असल बात तौ जा है कै इतनै बड़े सासन के आंगें जे मधुकर टिकहैं कित्ती देर? आज नईं तौ कल *(मधुकर की समाप्ति का इशारा करता है)* है कै नईं? और जे आपकी जनता खौं बी तौ लूट रए। उनके प्रति बी तौ उत्तरदायित्व है आपकौ। हैगौ कै नईंयाँ?

मर्दन सिंह : *(सोच-विचार में डूबा हुआ)* उसकी बहिन कौ घर आसपासई केलगुँआ में है। पता लगाऔ कहाँ है?

लल्ला रामसिंह : ठीक है राजा साहब। *(बाहर निकल जाता है। मर्दन सिंह सोच में डूबा-डूबा आगे आता है)*

[धीरे-धीरे अन्धकार]

[बैकग्राउंड में हरबोले गाते हुए आते हैं]

अरे मोरे राम...
चूना मूँडन पे बुझवा दये,
हाथ-पाँव में कीला ठोके,
पाछें सें सँदवा दए
तेरा दिना चार महीना लौं,
गोरन खून नहाँ दए
काटत हाथ-पाँव रजपूतन,
सुनत न कोऊ बानी
बहुएँ बिटिऐं पकर लेत हैं,
करत रात मनमानी।
अरे मोरे राम...राम...राम-राम-राम राम!...

[दृश्यान्त]

दृश्य-40

मधुकर अपनी बहिन के घर में

[मधुकर राखी की थाली सजाकर बहिन के पास लाते हैं]

बहिन : ऐसौ काय कर रए हो?

मधुकर : कैसौ?

बहिन : रच्छा-बन्धन तौ तीन दिना बाद है। तुम आजई राखी बांदबे की कै रए। और राखी बी खुदई लिआए?

मधुकर : तुम तौ बांद दो बस। चरबदयाऔ नै करौ।

[बहिन राखी बाँधती है। मधुकर उसके पाँव पर सिर रखता है। उठता है। मुड़ने को होता है कि बहिन उसका हाथ पकड़ती है। तभी मर्दन सिंह का आदमी झाँकता है, खुश होता है और खिसक जाता है]

बहिन : *(अनुनय के साथ)* हमाए खियाल सें अब तुम जौ सब छोड़ देओ भैया। भौतई डर लगत है हमखौं। इत्ते बड़े अंग्रेजी सासन सें टक्कर लैबे सें फायदा का है! जे औरें नै मानहैं। भौतई बेकार लोग हैं।

मधुकर : *(गम्भीर)* अब तौ बुन्देलखण्ड की इज्जत कौ सवाल आ गऔ है। *(मुँह फेरकर सिसकने लगते हैं)*

बहिन : *(बहुत चिन्तित)* का हो गऔ?

मधुकर : *(नियंत्रण रखने की कोशिश करते हुए)* कुछ नहीं।

[नहीं रोक पाते, सिसक पड़ते हैं।]

बहिन : अरेऽऽऽ! भैयाऽऽऽ!

मधुकर : *(रोते हुए)* दरयाव दाऊ के हाथ-पाँव काट दए उनने। *(और रोते हैं)*

बहिन : *(रोते हुए)* का कै रए हौ?

मधुकर : *(रोते हुए)* बिक्रम भैया की तेरईं के दिना...।

बहिन : *(रोते हुए)* भैया!

मधुकर : दो अंग्रेजऽऽ घर में घुस गएऽऽ...भाभी के संगै जबरदस्ती करीऽऽ...*(फूट पड़ते हैं)* भाभी नै जहर खा लऔऽऽ छुट्टी पा लई। *(सिसक-सिसककर रोते हैं)* बरदास्त नईं हो रऔ।

बहिन : अरे भैया... !

[मधुकर के कन्धे पर सिर रखकर सिसक-सिसककर रोती है। दोनों की हिचकियाँ बँध जाती हैं। शहनाई]

[धीरे-धीरे अँधेरा]

दृश्य-41

मर्दन सिंह की हवेली

[वही आदमी हाँफते-हाँफते मर्दन सिंह के पास पहुँचता है। इशारे से मधुकर के बारे में बताता है। मर्दन सिंह झटके से उठता है। आगे आता है। घोड़ों की तेज़ गति। टापें। धीरे-धीरे अन्धकार... । टापों की आवाज़ बढ़ती जाती है]

[दृश्यान्त]

दृश्य-42

[मधुकर सो रहे हैं। धीरे-धीरे तलवारें, भाले लिये मर्दन सिंह के सैनिक उन्हें घेर लेते हैं। उनके क़रीब जाते हैं। अचानक किसी की तलवार, भाले से टकराकर गिरती है। मधुकर चौंककर उठते हैं। सब एक साथ उन पर हमला करते हैं। भयंकर लड़ाई। अन्त में घायल करके, मधुकर को बाँधकर, घसीटते हुए ले जाते हैं— पूरे प्लेटफ़ार्म का चक्कर लगाते हुए...]

[पहले सिल्विट, फिर पूरा अँधेरा]

दृश्य–43

[घायल मधुकर को जज के पाँव में पटकते हैं। सिगार या पाइप पीते ओम्मनी और फ्रेज़र भी दिखाई पड़ते हैं। मधुकर घायलावस्था में भी अपनी सिंह गर्जना से इन अंग्रेज़ अफ़सरों को डरा–घबरा देते हैं। डरा हुआ जज तुरन्त आदेश देता है]

जज : टीन डिन के अंडरऽऽऽ इसको फाँसी पार लाटकाओ। हैंग हिम टिलऽऽऽ डेथ।

[तुरन्त अँधेरा]

दृश्य–44

नट : और इस तरह बुन्देलखण्ड जिसके हृदय में धड़कता था, जो बुन्देलखण्ड के विकास के सपने देखता था...

नटी : जो अपनी माँ–बहिनों की इज़्ज़त की ख़ातिर, अपने बुन्देलखण्ड की इज़्ज़त की ख़ातिर, इतने बड़े अंग्रेज़ी साम्राज्य के सामने चट्टान बनकर खड़ा हो गया...

नट : ऐसे बुन्देलखण्ड के सच्चे वीर सपूत मधुकर शाह बुन्देला को, इन निर्दयी अंग्रेज़ों ने, इन शातिर षड्यंत्रकारी अंग्रेज़ों ने जाल फेंककर अपने क़ब्ज़े में ले लिया, और सारे नियम–क़ायदे ताक पर रखकर ख़तरनाक देशद्रोही घोषित करकेऽ, तीन

दिन के अन्दर फाँसी के तख़्ते पर ले जाकर खड़ा कर दिया।

नटी : और उधर राजा मर्दन सिंह को जब अंग्रेज़ों की चालाकियों का पता चला तो अपनी ग़लती पर उन्हें बेहद मलाल हुआ। पश्चात्ताप की आग ने उन्हें कई सालों तक बेचैन बनाए रखा। मगर 1857 में जैसे ही अवसर मिला राजा मर्दन सिंह इन चालाक, आततायी अंग्रेज़ों पर काल बनकर टूट पड़े और मधुकर शाह की शहादत का बदला लिया।

[इंग्लिश ड्रम। धीरे-धीरे अन्धकार]

दृश्य-45

यूनियन जैक

[धीरे-धीरे सिल्विट में फाँसी का तख़्ता दिखाई देता है। इंग्लिश ड्रम बदस्तूर जारी। ओम्मनी सिल्विट में प्रवेश करता है—हाथ में फाँसी का फ़रमान लिये। जज और फ्रेज़र दूसरे एरिया में स्पॉट लाइट के घेरे में खड़े फाँसी की कार्रवाई कर रहे हैं। तीनों के मुँह में पाइप। ओम्मनी हाथ से इशारा करके मधुकर को लाने का आदेश देता है। मधुकर को संगीनों के घेरे में लाया जाता है]

ओम्मनी : डू यू फ़ीयर डैथ? मौत से डार लाग राहा है?

मधुकर : इतिहास उठाकर देख। जब से बुन्देलखण्ड बना है, इस धरती का छोटे से छोटा टुकड़ा शौर्य, स्वाभिमान और खुद्दारी के ख़ून से सना है।

बारा बरस लौं कूकर जीवै, सोला लौं जियै सियार।
बरस अठारा जत्री जीवै, आँगें जीवै सो धिक्कार॥

आल्हा–ऊदल का नाम सुना है, जिनकी एक हुंकार से धरती काँपती थी? राजा छत्रसाल का नाम सुना है? लाला हरदौल का नाम सुना है?

जज : *(दूर, अलग से)* याऽऽऽ, औनेस्टी टैस्ट!! *(हँसता है)*

[जैसे यह इंग्लैंड का ईको (प्रतिध्वनि की गूँज) है, जो विचार बनकर जज के माध्यम से ओम्मनी तक पहुँच रहा है और ओम्मनी मधुकर के सामने रख रहा है]

ओम्मनी : *(दोहराते हुए)* याऽऽऽ! ऑनेस्टी टैस्ट!!! *(हँसता है)*

फ्रेज़र : *(दूर, अलग से ही)* भाई ने काहा, ज़हर पीयोऽऽ।

ओम्मनी : *(दोहराता है)* भाई ने काहा, ज़हर पीयोऽऽ।

जज : और छोटा ब्रदर ने पी लीया, और मार गया। *(हँसता है...)*

ओम्मनी : *(दोहराता है)* और छोटा ब्रदर ने पी लीया, और मार गया *(हँसता है)*

फ्रेज़र : हाऊ फ़ूलिश!! *(ज़ोर से हँसता है)*

ओम्मनी : हाऊ फ़ूलिश!! *(ज़ोर से हँसता है)*

[मधुकर ज़ोर से चिल्लाते हुए छिटककर ओम्मनी पर हमला करते हैं। ओम्मनी सम्हल नहीं पाता, नीचे गिरता है। सतर्क खड़े सिपाही मधुकर को पकड़ लेते हैं]

मधुकर : *(उनके क़ब्ज़े से निकलने की कोशिश)* ख़बरदार, जो एक लफ़्ज़ भी उनके बारे में कहा!...भगवान हैं वो हमारे!

फ्रेज़र : लाटकाओ! ईसको।

ओम्मनी : लाटकाओ! ईसको।

[मधुकर को फाँसी के तख़्ते पर लाया जाता है]

ओम्मनी : डू यू रिपेंट? पछटावा?

[मधुकर सिर उठाते हैं, कुछ नहीं बोलते]

ओम्मनी : आख़िरी बार, आख़िरी शब्द, क्या काहना चाहटा है अपने डेश का लोगों से?

मधुकर : कबीरा जब हम पैदा हुए जग हँसा हम रोये,
ऐसी करनी कर चलौऽ हम हँसें, जग रोये।

[जल्लाद काले कपड़े से सिर ढँकता है। रिकॉर्डेड वॉइस 'ऐसी करनी कर चलौ हम हँसें, जग रोये' फाँसी के झटके तक रिपीट होती रहती है। फाँसी पर लटकाते हैं। साउंड। फाँसी पर लटकते ही लाइट्स ऑफ़। सिर्फ़ साइक्लोरामा। फिर धीरे-धीरे अँधेरा, और अँधेरे में ही सभी स्त्री पात्र बिना वाद्य, मरण गीत गाती हुई दो-दो दीयों के साथ प्रवेश करती हैं। दीये नीचे रखती हैं। दीयों से स्टेज भर देती हैं। बाहर निकल जाती हैं]

कमेंट्री : भारत को ऐसे वीर सपूत पर गर्व है। इस देश की आज़ाद हवा, मधुकर शाह जैसे वीर शहीदों की क़र्ज़दार है। अंग्रेज़ों की ज़्यादतियों को सहने से इनकार कर देनेवाले, जान की परवाह किए बिना भारी-भरकम ताक़तवर अंग्रेज़ों के ख़िलाफ़ तनकर खड़े होनेवाले, बुन्देला-विद्रोह के पहले महानायक की शहादत को, हम सब बुन्देलखण्डवासियों का कोटि-कोटि प्रणाम है। इन साहसी स्वाभिमानी बुन्देलों ने बाक़ी भारत को, अंग्रेज़ों की नाक में दम करना सिखाया न होता, ख़ुद्दारी-जाँबाज़ी का गुण क्या होता है, बताया न होता—आज भी हम ग़ुलाम होते, हिन्दुस्तान आज़ाद हुआ न होता, हिन्दुस्तान आज़ाद हुआ न होता!

समाप्त